AF498140

# CATALOGUE MENSUEL

*(Nouvelle Série, N° 27)*



# LIBRAIRIE

DE

# THÉOPHILE BELIN

## 29, Quai Voltaire, PARIS

---

### SOMMAIRE

*Allier.* L'ancien Bourbonnais, 1833-38, 3 vol. — Almanachs royaux, 1781-1783. — Aquarellistes français et grands peintres, 1883-84, 4 vol. — L'Art de vérifier les dates, 1783-87, 3 vol. — L'Artiste (2e, 3e, 4e, 5e, 6e séries). — *Babault.* Monuments de Rome, 1761-63, 2 vol. — *Bartholi.* Recueil de peintures antiques, 1783-87, 2 vol. — *Basan.* Cabinet Poullain, 1781. — *Bouquet.* Recueil des historiens des Gaules, 1738-1876, 23 vol. — *Boyssat.* Histoire des chevaliers de l'ordre de Hiérusalem, 1612. — *Buffon.* Œuvres complètes, 1824-32, 40 vol. — Collection Petitot, 1819-29, 139 vol. — *Corneille.* Théâtre, 1664-65, 5 vol. — *Gaimard.* Voyage en Islande et Voy. de la commission scientifique, 1838-52, 16 vol. — Galerie des peintres flamands, 1792, 3 vol. — *Girard.* Traité des armes, 1740. — *Houel.* Voyage des îles de Sicile, Malte et Lipari, 1782-89, 4 vol. — *Labarte.* Histoire des arts au Moyen-Age, 1864-66, 6 vol. — *Lamartine.* Œuvres, 1862, 41 vol. — *Lenoir.* Statistique monumentale, 1867, 2 vol. — Manuscrit français du XVIe siècle. — Noblesse. Annuaire de Borel d'Hauterive, 1843-85, 41 vol.

---

## PARIS

# LIBRAIRIE THÉOPHILE BELIN

### 29, QUAI VOLTAIRE, 29

### 1899

**3282. About** (Edm.). Le Roman d'un brave homme. *Paris, Hachette,* 1882 ; gr. in-8, br.   6 fr.

52 compositions gravées d'après *Adrien Marie.*

**3283. Abrantès** (Duchesse d'). Mémoires sur la Restauration , ou souvenirs historiques sur cette époque, la Révolution de 1830, et les premières années du règne de Louis-Philippe. *Paris, imp. Boulé,* 1838 ; 6 vol. in-8, br.   45 fr.

Rare.

**3284. Actrices** (les) de Paris. Portraits de E. de Liphart. Texte par Emile Bergerat, Daniel Bernard, E. Blémont, J. Claretie, P. Elzéar, M. Guillemot, Guy de Maupassant, E. d'Hervilly, L. Leroy, Fr. Sarcey, S.-Juirs, V. Wilder. *Paris, Launette,* 1882 ; gr. in-8, cart., *non rogné.*   25 fr.

Exemplaire avec le tirage des vignettes en bistre. Couverture conservée.

**3285. Adieux** (les) du duc de Bourgogne et de l'abbé de Fénelon, son précepteur; ou dialogue sur différentes sortes de gouvernemens (par Dieudonné Thiébault). *Stockholm et Paris, Prault,* 1788 ; in-8, veau fauve, dos orné , fil., tr. dor.   10 fr.

**3286. Advielle** (Victor). La Bibliothèque de Napoléon à Sainte-Hélène. *Paris , Lechevalier,* 1894 ; pet. in-8, br.   3 fr. 50

**3287. Aiguillon** (Affaire du duc d') et du Parlement de Bretagne. *Paris et Rennes,* 1770 ; 12 pièces en 2 vol. in-4.   25 fr.

Mémoires à consulter du duc d'Aiguillon ; consultation pour de la Chalotais et de Caradeuc ; arrêts du Parlement de Bretagne ; Réponse aux mémoires ; Réponse des Etats, etc.

**3288. Alamanni** (Luigi). Girone il Cortese. Nuovamente riveduto et correctto con altre agiunte del autore medesimo. *In Vinegia, per Comin da Trino di Monferrato,* 1549 ; pet. in-4, veau fauve, dos orné, fil. (*Rel. anc.*).   40 fr.

Titre et charmantes petites figures gravées sur bois.

**3289. Albert** (le petit). Secrets merveilleux de la magie naturelle et cabalistique du petit Albert, traduits exactement sur l'original latin. Enrichis de plusieurs figures mystérieuses pour former les talismans, avec la manière de les faire. Nouvelle édition corrigée. *Cologne, aux dépens de la Compagnie,* 1722 ; in-12, veau.   12 fr.

Exemplaires aux armes du comte de TOULOUSE.

**3290. Album** de l'Artiste. *Paris, Boulé,* 1844 ; in-4, demi-rel. bas. 10 fr.

27 planches lithographiées au burin et à l'eau-forte.

**3291. Alembert** (D'). Éléments de Musique théorique et pratique , suivant les principes de M. Rameau, éclaircis, développés et simplifiés. *Lyon, J.-M. Bruyset,* 1762 ; in-8, veau marbré, dos orné (*Rel. anc.*).   4 fr.

Planches de musique gravées en taille-douce.

**3292. Alembert** (D'). Mélanges de littérature, d'histoire et de philosophie. (Par d'Alembert). *Amsterdam, Z. Chatelain,* 1767 ; 5 vol. in-12, veau marbr., dos orné. (*Rel. anc.*).   10 fr.

Bel exemplaire.

**3293. Alexandre** (Arsène). Histoire populaire de la Peinture. *Paris, Laurens,* 1894 ; in-4, br. 10 fr.

Ouvrage illustré de 250 gravures. Envoi d'auteur.

**3294. Alexandre** (Arsène). Honoré Daumier, l'homme et son œuvre. *Paris, Laurens,* 1888 ; gr. in-8, br.   10 fr.

Portrait à l'eau-forte, 2 héliogravures et 47 illustrations dans le texte.

**3295. Alissan de Chazet.** Mémoires, souvenirs, œuvres et portraits. *Paris, Postel,* 1837 ; 3 vol. in-8, portr., br.   8 fr.

**3296. Allier** ( Achille ). L'Ancien Bourbonnais (histoire, monumens, mœurs, statistique), par Achille Allier, gravé et lithographié sous la direction de M. Aimé Chenavard, d'après les dessins et documents de M. Dufour, par une société d'artistes. *Moulins , Desrosiers fils,* 1833-1838 ; 3 vol. in-fol., demi-rel. dos et coins de chagrin brun, dos orné, éb.   125 fr.

Intéressant ouvrage illustré d'un portrait et de 135 planches lithographiés.

**Achat de Bibliothèques**

3297. **Almanach de Gotha**. Annuaire généalogique, diplomatique et statistique. *Gotha, Justus, Perthes*, 1876-1894 ; 19 vol. in-16, portr., cart. toile de l'éditeur. Chaque volume. 3 fr.

3298. **Almanach royal**. Année 1781. *Paris, d'Houry*, 1781 ; in-8, mar. rouge, dos fleurdelisé, fil., tabis, tr. dor. (*Rel. anc.*). 100 fr.

Bel exemplaire aux armes du chancelier MAUPEOU.

3299. **Almanach royal**. Année 1782. *Paris, d'Houry*, 1782 ; in-8, mar. rouge, dos fleurdelisé, fil., tabis, tr. dor. (*Rel. anc.*). 100 fr.

Bel exemplaire aux armes du chancelier MAUPEOU.

3300. **Almanach royal**. Année 1783. *Paris, d'Houry*, 1783 ; in-8, mar. rouge, dos fleurdelisé, fil., tabis, tr. dor. (*Rel. anc.*). 100 fr.

Bel exemplaire aux armes du chancelier MAUPEOU.

3301. **Almanachs**. In-16.
Almanach des Dames. *Paris*, 1805, br. 3 fr.
Almanach des Spectacles (2e année). *Paris, s. d.*, cart., titre et 11 fig. en coul. Taches. 10 fr.
Almanac généalogique pour 1785. *Berlin*, 9 fig., dérelié. 7 fr.
Ariettes (15e recueil d') des Opéra. *Montparnasse*, 1785, cart. 3 fr.
Chansonnier des Théâtres. *Paris*, 1842, front. en coul., br. 2 fr.
Délices (les) des Nations. Almanach chantant et républicain. *Paris, an III* (1795), front. en coul., br. 4 fr.
Docteur (le) de Cythère. *Paris*, 1830, br., 12 fig. et 12 vignettes gravées par *Legrand*. 10 fr.
Écho (L') lyrique. Almanach chantant. *Paris*, 1843, br. 2 fr.
Étrennes comme il y en a peu. *Paris*, 1789, mar. vert. 15 fr.
Étrennes mignonnes. *Paris*, 1754, mar. rouge. 10 fr.
Étrennes mignonnes. *Paris*, 1759, mar. rouge. 10 fr.
Étrennes mignonnes, chansonnier comique. *Paris et Brux.*, 1843, br., front. en coul. 3 fr
Étrennes mignonnes. *Bruxelles*, 1862, br., front. en coul. 2 fr.
Étrennes intéressantes des quatre parties du monde. *Paris*, 1784, vélin, comp. dorés. 25 fr.
Franc (le) Gaillard. Almanach chantant. *Paris* (vers 1810), cart., front. en coul. 4 fr.
Gaudrioles (les) du bon vieux temps. Chansonnier. *Paris*, 1832, br. 3 fr.
Leçons (les) de l'Amour. Etrennes amusantes. *Paris, Janet*, cart., front. et 12 jolies fig. 30 fr.
Lloyd (le) nouveau. Chansonnier mosaïque. *Bruxelles*, 1836, br., front. 3 fr.
Ménestrel (le). Nouveau chansonnier belge. *Bruxelles*, 1841, br. 3 fr.
Prix (le) de la Gaité. Almanach chantant. *Paris*, 1776, mar. rouge. 5 fr.
Retour (le) de la Gaité. *Brux.* (vers 1810), br., front. coul. 2 fr.
Retour (le) des Guerriers. Chansons. *Paris*, 1811, br., front. en coul. 2 fr.

3302. **Amour** (L') en fureur, ou les excès de la jalousie italienne. *La Haye, Jacques Brunel*, 1742 ; pet. in-12, veau. 20 fr.

On a relié à la suite : Réponses spirituelles de plusieurs grands hommes. *Cologne, P. Marteau*. 1733. — Pigmalion ou la statue animée (par Boureau-Deslandes). *Londres, Harding* (Paris), 1741. Cet ouvrage a été condamné au feu.

3303. **An** (l') des Sept Dames avec annotations et remarques par M. C. Ruelens et M. Aug. Scheler. *Bruxelles, imp. de Mertens* (Gay), 1867 ; in-12, mar. rouge, dos orné, fil. à froid, tr. rouge. 20 fr.

L'un des 2 exemplaires sur PEAU DE VÉLIN.

3304. **Analectes** du Bibliophile. Recueil contenant : 1o diverses pièces curieuses anciennes et modernes ; 2o des analyses critiques et des extraits de diverses publications intéressantes anciennes et modernes ; 3o une correspondance, des mélanges philosophiques et littéraires, des anecdotes, etc. *Turin, Gay*, 1876 ; 3 vol. in-12, br. 20 fr.

PAPIER VERGÉ. Tiré à petit nombre.

3305. **Annales** de la Société académique de Nantes et du département de la Loire-inférieure. *Paris, Mellinet*, 1830-1865 ; 36 vol. in-8, br. et en livraisons. 100 fr.

3306. **Anquetil**. Louis XIV, sa Cour et le Régent. *Paris, Moutard,*

1789; 4 vol. in-12, mar. citron, dos orné, fil., tr. dor. (*Rel. anc.*).    70 fr.

**3307. Anthologie** françoise , ou chansons choisies depuis le 13e siècle jusqu'à présent. *S. l. (Paris),* 1765 ; 3 vol. in-8, br.    40 fr.

> Ouvrage édité par Monnet, illustré d'un portrait dessiné par *Cochin* gravé par *Saint-Aubin* et de 3 frontispices par *Gravelot* gravés par *Lemire*. Toutes les chansons de ce recueil sont accompagnées de leur musique notée.

**3308. Antiquités** romaines expliquées dans les mémoires du comte de B***, contenant ses aventures, un grand nombre d'histoires et d'anecdotes du tems très-curieuses, ses recherches et ses découvertes sur les antiquités de la ville de Rome et autres curiosités de l'Italie. *La Haye, Jean Neaulme,* 1750 ; in-4, bas.    6 fr.

> Le dictionnaire de Quérard et de Barbier ne donnent pas le nom de l'auteur de cet ouvrage. Les planches indiquées sur le titre ne semblent pas avoir jamais été gravées.

**3309. Anville** (D'). Etats formés en Europe après la chute de l'Empire romain en Occident. *Paris, impr. royale,* 1771 ; in-4, demi-rel. veau bleu.    4 fr.

> Bel exemplaire à toutes marges.

**3310. Apulée.** Les Métamorphoses, ou l'Asne d'or de L. Apulée, philosophe platonicien (traduites par J. de Montlyard). Nouvellement reveues, corrigées et mises en meilleur ordre (par Nic. de la Coste). *Paris, Nic. et Jean de la Coste,* 1648 ; in-8, mar. rouge, dos orné, double rangée de fil., tr. dor. (*Lortic*) 120 fr.

> Belle édition ornée d'un frontispice et de 10 jolies figures gravées en taille-douce par *Crispin de Pas*.

**3311. Apulée.** L'Ane d'or ou la métamorphose. Traduction de Savalète. Préface de J. Andrieux. Avec nombreuses gravures dessinées par A. Racinet et P. Bernard. *Paris, Firmin-Didot* , 1872 ; in-8 , fig., br.    15 fr.

> Charmante édition. Texte encadré, orné de très jolies figures gravées sur bois.

**3312. Aquarellistes français.** Ouvrage d'art publié avec le concours artistique de tous les sociétaires, texte par les principaux critiques d'art. Illustré de photogravures, tirées en couleurs, dans le texte et hors texte, dessins à la plume. *Paris , Launette,* 1883 ; 2 vol. en 8 fascicules in-fol. dans des cartons illustrés. — **Grands peintres français et étrangers**, ouvrage d'art, publié avec le concours artistique des maîtres , texte par les principaux critiques d'art. Illustré de photogravures, tirées en couleur, dans le texte et hors texte, nombreux dessins. *Paris, Launette,* 1884 ; 2 vol. en 8 fascicules in-folio dans des cartons illustrés.    600 fr.

> L'un des 85 exemplaires tirés sur PAPIER DU JAPON.

**3313. Archives** d'Anjou, recueil de documents et mémoires sur cette province, publié par Paul Marchegay. *Angers, Ch. Labussière,* 1843 ; in-8, demi-rel. veau.    5 fr.

> Mémoire sur l'Anjou par Miroménil. — Rapport sur l'Anjou par Ch. Colbert. — Recherches sur les cartulaires d'Anjou. — Le Jugement de Dieu par l'eau bouillante.

**3314. Archives** de Bretagne. Recueil d'actes, de chroniques et de documents historiques rares ou inédits publié par la Société des Bibliophiles bretons. *Nantes, Société des Bibliophiles bretons,* 1883-1895 ; 6 vol. in-4, br.    60 fr.

> Tome 1er. Privilèges de la ville de Nantes. — Tome III. Le Mystère de sainte Barbe. — Tome IV. Lettres et mandements de Jean V. — Tomes VI, VII et VIII. Lettres et Mandements de Jean V. — (Les tomes 2 et 5 manquent).

**3315. Archives** de l'Art français, recueil de documents inédits relatifs à l'histoire des arts en France, publié sous la direction de Ph. de Chennevières. *Paris, J.-B. Dumoulin,* 1851-1860 ; 6 vol. in-8, demi-rel. veau.    35 fr.

**3316. Aretino** (Pietro). Les Ragionamenti ou Dialogues du divin Pietro Aretino. Texte italien et traduction complète par le traducteur des *Dialogues de Luisa Sigea*. Avec une réduction du portrait de l'Arétin peint par le Titien et gravé par Marc-Antoine. *Imprimé à cent exemplaires pour Isidore Liseux et ses amis. Paris,* 1882 ; 6 vol. pet. in-8, demi-rel. dos et coins de cha-

grin rouge, tête dor., *non rognés.* 175 fr.

Les *Ragionamenti* ou *Dialogues* de
Pietro Aretino sont traduits ici pour la première fois. Cette œuvre remarquable, dont
tout le monde parle sans la connaître, n'a
rien de commun avec les ordures débitées
depuis trois siècles sous le nom d'*Arétin.*

**3317. Argenson.** Mémoires du marquis d'Argenson, ministre sous
Louis XV; avec une notice sur la
vie et les ouvrages de l'auteur publiés par René d'Argenson. *Paris,
Baudouin frères*, 1825; in-8,
demi-rel. veau fauve. 6 fr.

De la *Collection des Mémoires relatifs
à la Révolution française.*

**3318. Arioste.** Roland furieux, traduction nouvelle et en prose par
M. V. Philippon de la Madelaine.
*Paris, J. Mallet,* 1844; in-8, demi-
rel. basane verte. 10 fr.

Édition illustrée de 300 vignettes sur
bois, et de 25 planches tirées à part sur
Chine, par *Tony Johannot, Baron, Français et C. Nanteuil.* Taches de rousseur.

**3319. Art** (l') de vérifier les Dates
des faits historiques, des chartes,
des chroniques et autres monuments, depuis la naissance de
Notre-Seigneur (par Doms d'Antine,
Clémencet, Durand et Clément).
Troisième édition. *Paris, Jombert,*
1783-1787; 3 vol. in-fol., veau granit, dos orné, fil. (*Rel anc.*). 180 fr.

Bel exemplaire de cette édition estimée.

**3320. Art-Journal** (The). *London,
James S. Virtue,* 1858-1875; 13 vol.
in-4, demi-rel. dos et coins de mar.
vert, dos orné, tr. dor. 100 fr.

Années 1858 à 1866 et années 1872 à
1875 seules, de cette publication illustrée
de nombreuses planches gravées sur acier.

**3321. L'Artiste.** *Paris,* 1833-1835;
2 vol. in-4, chagr. rouge. 30 fr.

Tomes IV et VIII de la PREMIÈRE SÉRIE
avec 100 planches lithographiées, à l'eau-
forte et au burin.

**3322. L'Artiste,** journal de la Littérature et des Beaux-Arts. *Paris,
aux bureaux de l'Artiste,* 1839-
1841 ; 8 vol. in-4, cart., *non
rognés.* 150 fr.

Collection complète de la DEUXIÈME SÉRIE
de cette belle, célèbre et très artistique publication. Son illustration : lithographies,
tailles-douce et eaux-fortes, comprend :
Tome I⁰ʳ, 49 pl. — Tome II, 33 pl. —
Tome III, 32 pl. — Tome IV, 36 pl. —
Tome V, 50 pl. — Tome VI, 44 pl. —

Tome VII, 50 pl. — Tome VIII, 46 pl. Soit
ensemble 340 planches.
Fortes taches de rousseur dans plusieurs
volumes.

**3323. L'Artiste,** journal de la Littérature et des Beaux-Arts. *Paris,
aux bureaux de l'Artiste,* 1839-
1841 ; 8 vol. in-4, demi-rel. chagr.
vert et brochés. 125 fr.

DEUXIÈME SÉRIE. — Tome I⁰ʳ, 49 pl. —
Tome II, 33 pl. — Tome III, 32 pl. —
Tome IV, 35 pl. (manque 1 pl. et le titre).
— Tome V, 50 pl. — Tome VI, 43 pl. —
Tome VII, 50 pl. — Tome VIII, 46 pl. En-
semble 338 planches.
Les 4 premiers vol. reliés ont quelques
taches de rousseur et les 4 derniers sont
brochés.

**3324. L'Artiste.** *Paris,* 1841 ; in-4,
cart. 12 fr.

Tome VIII de la DEUXIÈME SÉRIE.
46 planches lithographiées au burin et
à l'eau-forte.

**3325. L'Artiste.** (*Paris, vers* 1841);
in-4, demi-rel. bas. 30 fr.

135 planches (sans texte). Taches de
rousseur.

**3326. L'Artiste.** Beaux-arts et
Belles-lettres. *Paris, aux bureaux
de l'Artiste,* 1842-1843; 4 vol. in-4,
demi-rel. dos et coins de bas. 70 fr.

Tomes I, II, III et IV de la TROISIÈME
SÉRIE avec 180 planches (sur 184).

**3327. L'Artiste.** Beaux-Arts et
Belles-Lettres. *Paris, Bureaux de
l'Artiste,*1842; 2 vol. in-4, br. 20 fr.

TROISIÈME SÉRIE. Tome I⁰ʳ, 34 pl. (sur
45). — Tome II. 33 pl. (sur 43). Ensemble
67 planches.

**3328. L'Artiste.** Beaux-arts et
Belles-Lettres. *Paris, aux bureaux
de l'Artiste et F. Sartorius,* 1844-
1848 ; 11 vol. in-4, br. 80 fr.

QUATRIÈME SÉRIE. Onze volumes (sur
13) ainsi illustrés : Tome I⁰ʳ, 33 pl. —
Tome II, 33 pl. — Tome III, 33 pl. —
Tome IV, 48 pl. — Tome V, 35 pl. —
Tome VI, 28 pl. — Tome VII, 31 pl. —
Tome VIII, 30 pl. — Tome IX, 26 pl.
— Tome X, 28 pl. — Tome XI, 30 pl.
Ensemble 355 planches.

**3329. L'Artiste.** Revue de Paris.
*Paris, Bureaux de l'Artiste,* 1849-
1854 ; 11 vol. in-4, br. et en livraisons. 100 fr.

CINQUIÈME SÉRIE. Tome III, 40 pl. —
Tome IV, 42 pl. — Tome V, 48 pl. —
Tome VI, 36 pl. — Tome VII, 33 pl. (sur 36).
— Tome VIII, 29 pl. (sur 36). — Tome IX,
36 pl. — Tome X, 37 pl. — Tome XI, 36 pl.
— Tome XII, 35 pl. — Tome XIII, 31 pl. (le
titre manque). Ensemble 403 planches.

**Et de Livres anciens et modernes**

3330. **L'Artiste**. *Paris*, 1856-1857; 2 vol. in-4, br. 15 fr.

SIXIÈME SÉRIE. Tome 1er, 20 pl. (sur 22). — Tome III, 18 pl. Ens. 38 planches.

3331. **L'Artiste**. *Paris, aux bureaux de l'Artiste*, 1857 ; in-4, demi-rel. chagr. vert. 6 fr.

Tome III de la SIXIÈME série avec 16 planches (sur 17).

3332. **L'Artiste**. Nouvelle série. *Paris, bureaux de l'Artiste*, 1857; 2 vol. in-4, br. 10 fr.

Tomes I et II. — 41 planches (sur 43).

3333. **L'Artiste**. Beaux-Arts et Belles-Lettres. Rédacteur en chef Arsène Houssaye. *Paris*, 1862-1865; 8 vol. in-4 en fascicules. 60 fr.

NOUVELLE PÉRIODE : années 1862 à 1865 inclue, complètes avec 274 planches.

3334. **Asselineau** (Charles). André Boulle, ébéniste de Louis XIV. Troisième édition revue et complétée. *Paris, Rouquette*, 1872 ; in-12 de 44 pp., br. 2 fr.

Papier vergé.

3335. **Asselineau** (Charles). Bibliographie romantique. Catalogue anecdotique et pittoresque des éditions originales des œuvres de Victor Hugo, Alfred de Vigny, Prosper Mérimée, Alexandre Dumas, Jules Janin, Théophile Gautier, Petrus Borel, etc. Seconde édition, revue et très augmentée. *Paris, Rouquette*, 1872 ; gr. in-8, demi-rel. dos et coins de mar. rouge, tête dor., *non rogné*. 20 fr.

Belle édition sur PAPIER VERGÉ, ornée d'un frontispice de *Célestin Nanteuil* et d'une eau-forte de *Bracquemond*.

3336. **Asselineau** (Charles). Appendice à la seconde édition de la bibliographie romantique. *Paris, Rouquette*, 1874 ; gr. in-8, br., couv. 5 fr.

PAPIER DE HOLLANDE.

3337. **Asselineau** (Charles). Le Paradis des Gens de Lettres, selon ce qui a été vu et entendu par Charles Asselineau, l'an du Seigneur 1861. *Paris, Poulet-Malassis*, 1862; in-16, br. 10 fr.

Petit volume rare orné d'un frontispice à l'eau-forte.

3338. **Aubigné** (Agrippa d'). L'Enfer, satire dans le goût de Sancy, publiée pour la première fois d'après le manuscrit du recueil de Conrart, avec une notice préliminaire, des éclaircissements et des corrections par M. Ch. Read. *Paris, Libr. des Bibliophiles*, 1873; in-12, br. 6 fr.

Collection du *Cabinet du Bibliophile*. PAPIER VERGÉ.

3339. **Aucourt** (Comte d'). Les Anciens Hôtels de Paris, avec une carte gravée des grands hôtels de la rive gauche avant 1789. *Paris, H. Vaton*, 1880 ; in-12, br. 3 fr.

PAPIER VERGÉ.

3340. **Audsley** et **Bowes**. La Céramique Japonaise. Edition française, publiée sous la direction de M. A. Racinet. Traduction de M. Louisy. *Paris, Didot*, 1880 ; 2 vol. in-fol., demi-rel. dos et coins de mar. brun, tête dor., *non rognés*. 150 fr.

Très belle publication ornée de 63 planches en couleurs et en noir. Bel exemplaire.

3341. **Aumale** (Duc d'). Les Zouaves et les Chasseurs à pied. Esquisses historiques. Nouvelle édition. *Paris, Michel Lévy*, 1855; in-12, br., couv. 3 fr.

3342. **Autran** (Joseph). Ludibria ventis, poésies nouvelles. *Paris, Rossignol*, 1838 ; in-8, demi-rel. chagr. brun, éb. (*Fechoz*). 7 fr.

ÉDITION ORIGINALE.

3343. **Babeau** (Albert). Le Parlement de Paris à Troyes en 1787. *Troyes et Paris*, 1871 ; in-12, br. 2 fr. 50

3344. **Baffo** (Giorgio). Poesies complètes en dialecte vénitien, littéralement traduites pour la première fois avec le texte en regard. *Paris, Liseux*, 1884 ; 4 vol. gr. in-8, brochés. 100 fr.

PAPIER DE HOLLANDE.
Cette édition du fameux poète vénitien Baffo, contemporain et patriote de Casanova, dont il complète en quelque sorte les Mémoires, était demandée depuis longtemps par les acquéreurs du Musée du Bibliophile. Elle est entièrement conforme, pour le texte, à celle donnée par lord Pembroke. (Cosmopoli, 1789, 4 vol. in-8).

3345. **Baquol**. L'Alsace ancienne et moderne, ou Dictionnaire topographique et statistique du Haut et du Bas-Rhin. Troisième édition refondue par P. Ristelhuber. *Strasbourg, Salomon*, 1865; in-8, dem.-

rel. dos et coins de mar. rouge, tr. peigne. 15 fr.

Planches en chromolithographie reproduisant les armoiries de toutes les villes de l'Alsace; en noir, les sceaux, les monnaies et les anciennes et nouvelles cartes de la province.

3346. **Barbault** (Jean). LES PLUS BEAUX MONUMENTS DE ROME ancienne. — Les plus beaux édifices de Rome moderne, dessinés par Jean Barbault, peintre. *Rome, Bouchard et Gravier*, 1761-1763; 2 vol. in-fol., mar. rouge, dos orné, dent., tr. dor. (*Rel. anc.*) 400 fr.

Très bel exemplaire renfermant 117 planches hors texte, gravées en taille-douce; plus un certain nombre de petites vues placées en fin de chapitres. Armes peintes sur les plats de la reliure.

3347. **Barbey d'Aurevilly.** Du Dandysme et de Georges Brummel. 3e édition. *Paris, Alph. Lemerre*, 1879; pet. in-12, broché. 7 fr.

PAPIER VERGÉ. Portraits de l'auteur et de Brummel en noir et en bistre.

3348. **Barbey d'Aurevilly.** XIXe siècle. Les Œuvres et les hommes. *Paris, Frinzine et Lemerre*, 1885-1895; 6 vol. in-8, br. 30 fr.

Les Critiques ou les Juges jugés.— Sensations d'art. — Sensations d'histoire. — Les Philosophes et les écrivains religieux. — Mémoires historiques et littéraires. — Journalistes et polémistes, chroniqueurs et pamphlétaires.

3349. **Barbey d'Aurevilly.** Théâtre contemporain. 1870-1883. *Paris, Tresse*, 1892; in-12, br. 3 fr.

3350. **Barbier** (A.-A.). Dictionnaire des Ouvrages anonymes et pseudonymes composés, traduits ou publiés en français et latin. Seconde édition revue et corrigée. *Paris, Barrois*, 1822-1827; 4 vol. in-8, portr., demi-rel. dos et coins de mar. rouge, dos orné (*Rel. anc.*) 50 fr.

Bel exemplaire en GRAND PAPIER VÉLIN.

3351. **Barron** (Louis). Les Environs de Paris. *Paris, Quantin, s. d.*; in-4, br. 15 fr.

Ouvrage illustré de 500 dessins d'après nature, par *G. Fraipont*.

3352. **Barthe** (N.-T.). L'Amateur, comédie en vers, en un acte, précédée d'un avant-propos par le baron Charles Davillier. *Paris, Aug. Aubry*, 1870; in-12, br. 4 fr.

PAPIER VERGÉ. Tirage à petit nombre.

3353. **Barthélemy** (Edouard de). Les Correspondants de la marquise de Balleroy. *Paris, Hachette*, 1883; 2 vol. in-8, br. 10 fr.

3354. **Bartoli** (Pietro-Sante). RECUEIL DE PEINTURES ANTIQUES trouvées à Rome; imitées fidèlement, pour les couleurs et le trait, d'après les dessins coloriés par Pietro-Sante Bartoli et autres dessinateurs. Seconde édition. *Paris, impr. de Didot l'aîné*, 1783-1787; 3 tomes en 2 vol. in-fol., pl., mar. vert, dos orné, fil., tr. dor. (*Derome le jeune*). 400 fr.

Bel exemplaire de cette seconde édition augmentée, dont les explications sont dues à Mariette et au comte de Caylus. Ce livre, un des plus beaux imprimés par Didot à la fin du siècle dernier, ne fut imprimé qu'à 100 exemplaires seulement. Les planches, au nombre de 54, ont été finement coloriées à l'aquarelle et forment autant de jolies miniatures aussi intéressantes à consulter pour l'histoire de l'art ancien que pour l'archéologie proprement dite. De la bibliothèque HAMILTON.

3355. **Bartsch** (Adam). Le Peintre graveur. (Ecoles Flamande, Hollandaise, Allemande et Italienne). *Vienne, J.-V. Degen*, 1802-1821; 21 vol. in-8, fil., br. 220 fr.

ÉDITION ORIGINALE, avec la rare suite des 16 planches gravées par *Bartsch*.

3356. **Basan.** Collection des cent vingt estampes, gravées d'après les tableaux et dessins qui composoient le cabinet de M. Poullain, receveur général des domaines du Roi, décédé en 1780. *Paris, Basan*, 1781; in-4, veau marbré, fil., tr. dor. (*Rel. anc.*). 300 fr.

Bel exemplaire de PREMIER TIRAGE.

3357. **Bazancourt** (Baron de). L'Expédition de Crimée jusqu'à la prise de Sébastopol. Chronique de la guerre d'Orient. *Paris, Amyot*, 1856; 2 vol. in-12, demi-rel. dos et coins de chagrin brun. 10 fr.

3358. **Bazin** (A.). Notes historiques sur la vie de Molière. Deuxième édition revue par l'auteur et considérablement augmentée. *Paris, Techener*, 1851; in-12, br. 4 fr.

Epuisé.

3359. **Beaumarchais.** La Folle Journée ou le Mariage de Figaro, comédie en cinq actes, en prose.

**Et de Livres anciens et modernes**

*De l'impr. de la Société littéraire et typographique (Kehl), et Paris, Ruault,* 1785 ; in-8, demi-rel. chagrin rouge, *non rogné.*    **80 fr.**

Bel exemplaire orné de 5 charmantes figures par *Saint-Quentin*, gravées par *Halbou, Liénard* et *Lingée.*

3360. **Beaumarchais.** Théâtre, accompagné d'une notice par F. de Marescot. Illustrations d'Adrien Marie. *Paris, libr. illustrée, s. d.* (1875) ; gr. in-8, br., couv.    **4 fr.**

Premier tirage.

3361. **Belordeau** ( Pierre ). Les Coustumes générales des pays et duché de Bretagne. Avec la paraphrase et explication literale et analogique, sur tous les articles d'icelle. Troisième édition. *Paris, Nic. Buon,* 1635 ; in-4, veau (*Rel. anc.*).    **15 fr.**

Légères piqûres de vers.

3362. **Bernard** (Saint). Traité de S. Bernard, premier abbé de Clervaux, de l'Amour de Dieu, traduit en françois par le R. P. Antoine de Saint-Gabriel. *Paris. Acad. des Bibliophiles,* 1867 ; in-12, br. **4 fr.**

Papier vergé.

3363. **Benoit** (Louis). Physiologie de la Poire. *Paris,* 1832, in-8, cart., *non rogné.*    **20 fr.**

Édition originale de cette satyre dirigée contre Louis-Philippe. Son auteur, qui s'est dissimulé sous le pseudonyme de L. Benoit, se nommait Peytel. Il fut, particularité à signaler, exécuté à Bourg, le 28 octobre 1839, pour avoir assassiné sa femme.

3364. **Berleux** (Jean). La Fin de Murat en trois tableaux d'après Alexandre Dumas. *Paris, Paul Ollendorf,* 1890 ; in-12, portr., br., couv.    **4 fr.**

Exemplaire sur papier de Hollande. Jean Berleux est le pseudonyme de M. Maurice Quentin-Bauchart.

3365. **Béroalde de Verville.** Le Moyen de Parvenir, œuvre contenant la raison de ce qui a esté, est et sera, par Béroalde de Verville. Nouvelle édition. *Paris, L. Willem,* 1870, in-8, mar. rouge, dos orné, fil., tr. dor. (*Fock*).    **100 fr.**

Portrait de l'auteur et figures sur bois. Bel exemplaire sur papier de Chine, dans une jolie reliure.

3366. **Bertall.** La Comédie de notre temps. La civilité, les habitudes,

les mœurs, les manières et les manies de notre époque. *Paris, Plon,* 1874-1875 ; 2 vol. in-4, demi-rel. chagrin brun.    **25 fr.**

Nombreuses et spirituelles études à la plume et au crayon.

3367. **Bertall.** La Comédie de notre temps. La civilité, les habitudes, les mœurs, les coutumes, les manières et les manies de notre époque. Etudes au crayon et à la plume. *Paris, Plon,* 1874 ; gr. in-8, demi-rel. mar. rouge, tête dor., *non rogné.*    **15 fr.**

Nombreuses illustrations.

3368. **Bertall.** La Vie hors de chez soi (comédie de notre temps), l'hiver, le printemps, l'été, l'automne. *Paris, Plon,* 1876 ; gr. in-8, demi-rel. mar. rouge.    **15 fr.**

Texte et illustrations humoristiques.

3369. **Bertall.** La Vigne, voyage autour des vins de France. *Paris, Plon,* 1878 ; gr. in-8, demi-rel. dos et coins de chagrin brun, tête dor., *non rogné.*    **18 fr.**

Belles et nombreuses illustrations.

3370. Le même. *Paris, Plon,* 1878 ; gr. in-8, *broché.*    **15 fr.**

3371. **Bescherelle.** Dictionnaire national, ou dictionnaire universel de la langue française. *Paris, Garnier,* 1861 ; 2 vol. in-4, demi-rel. chagrin noir.    **15 fr.**

3372. **Betencourt** (Dom). Noms féodaux ou noms de ceux qui ont tenu fiefs en France depuis le XIIe siècle jusque vers le milieu du XVIIIe. *Paris, Schlesinger,* 1867-1868 ; 4 vol. in-8, *brochés.* **20 fr.**

Papier vergé. Précieux ouvrage pour les Fiefs de l'Anjou, de l'Aunis, de l'Auvergne, du Beaujolais, du Berry, du Bourbonnais, du Forez, du Lyonnais, du Maine et de la Saintonge, de la Marche, du Nivernais, de la Touraine, d'une partie de l'Angoumois et du Poitou.

3373. **Bibliothèque** de poche. Curiosités historiques. *Paris, Paulin et le Chevalier,* 1855 ; in-12, br. **4 fr.**

3374. **Bibliothèque** (La) des petits maîtres, ou Mémoires pour servir à l'histoire du bon ton et de l'extrèmement bonne compagnie. *Au Palais-Royal, chez la petite Lolo,* 1761 ; pet. in-12, demi-rel. dos et

coins chagrin bleu, dos fleurdelisé.                          8 fr.

Spécimen de la littérature des boudoirs
du XVIII⁰ siècle et critique spirituelle des
sentiments et du langage de l'époque.

**3375. Bibliothèque historique** ou
recueil de matériaux pour servir à
l'histoire du temps (par Chevalier,
Reynaud et Cauchois - Lemaire).
*Paris*, 1818-1820; 14 vol. in-8,
br.                            60 fr.

Publication d'une nature toute spéciale
et d'un vif intérêt qui s'était donné pour
mission de recueillir sur tous les points de
la France et de publier les faits et gestes
de la réaction royaliste, mission dont elle
s'acquitta avec beaucoup de courage. (*Hatin*, Bibliographie de la Presse, p. 337).

**3376. Bibliothèque janséniste**,
ou catalogue alphabétique des principaux livres jansénistes ou suspects de jansénisme (par Domi-
nique de Colonia). *S. l. (Hollande)*,
1735; pet. in-8, veau fauve, dos
orné (*Rel. anc.*).            6 fr.

**3377. Bigarré** (général). Mémoires
du général Bigarré, aide de camp
du roi Joseph. 1775-1813. *Paris,
Ernest Kolb, s. d.*; in-8, br.   5 fr.

**3378. Billaut** (Adam). Les Chevilles
de M⁰ Adam, menuisier de Nevers.
Seconde édition, augmentée par
l'auteur. *Rouen, Jacques Cailloué
et Jean Viret*, 1656; pet. in-8, veau
fauve, dos orné, fil., tr. dor. 25 fr.

L'ouvrage de Maître Adam est précédé
de l'« Approbation du Parnasse », odes,
épigrammes, stances et sonnets adressés
à l'auteur par les beaux esprits de ce temps:
Saint-Amant, Boisrobert, Scudéry, Corneille, Colletet, d'Alibray, Ragueneau le
pâtissier, Monglas, etc., etc.

**3379. Birchen-Bouquet** (The) or
curious and original anecdotes of
ladies fond of administering the
Birch discipline, and published for
the amusement, as roell as the be-
nefit ofthose ladies soho har under
their tintion sulky, stupid wanton,
lying or idle young, ladies or gent-
lemen. Republished with conside-
rable additions. *London*, 1888;
in-12 de 66 pp., br.           10 fr.

**3380. Bitaubé.** Joseph. Cinquième
édition. *Paris, impr. de Didot
l'aîné*, 1786; 2 vol. in-18, br, 10 fr.

9 figures de *Marillier*.

**3381. Blanc** (Charles). L'Art dans

la parure et dans le vêtement. *Paris,
Loones*, 1875; in-8, *broché*.   7 fr.

Ouvrage très intéressant, orné de figures
relatives aux modes à travers les âges.

**3382. Blondeau** (Nic.) et **Noël**
(Franc.). Glossarium eroticum la-
tinum et gallicum. *Paris, Liseux*,
1885 ; in-8, *broché*.         25 fr.

PAPIER DE HOLLANDE.
Ce curieux livre, tiré d'un manuscrit
inédit composé par Nicolas Blondeau au
XVIII⁰ siècle, a été complété et augmenté
de notes curieuses par François Noël. De
plus, une étude de près de 60 pages sur la
langue érotique, par le traducteur de For-
berg, donne un nouvel attrait à cet ouvrage.

**3383. Bodin** (Jean). De la Demo-
nomanie des Sorciers, par J. Bodin,
angevin. *Paris, Jacques du Puys*,
1581 ; in-4, veau granit, dos
orné.                         30 fr.

Bel exemplaire.

**3384. Boileau.** Œuvres de Nic.
Boileau-Despréaux. Nouvelle édition, avec des éclaircissements historiques donnés par lui-même et
rédigés par Brossette; augmentée
de plusieurs pièces avec des remarques par M. de Saint-Marc.
*Paris, David*, 1747; 5 vol. in-8,
portr. et fig., veau granit, dos
orné, tr. rouge (*Rel. anc.*). 30 fr.

Vignettes en-tête dessinées par *Eisen*,
gravées par *Aveline*.

**3385. Boileau.** Une Satire inédite
de Boileau. *Paris, libr. des Bibliophiles*, 1870 ; in-12, br.     2 fr.

PAPIER VERGÉ. Collection du Cabinet
du bibliophile.

**3386. Boisard.** Fables par M. Boisard. Seconde édition. *Paris*, 1777;
2 vol. in-8, front. et fig., veau fauve,
dos orné, fil. (*Rel. anc.*).   80 fr.

Exemplaire en GRAND PAPIER, orné de
2 fleurons sur les titres, de 9 figures et de
2 culs-de-lampe par *Monnet*, gravés par
*Saint-Aubin* et *E. Schmitz*.

**3387. Boissy.** Mémoires du marquis de Boissy, 1798-1866, rédigés
d'après ses papiers par Paul Breton. *Paris, Dentu*, 1870 ; 2 vol.
in-8, portr., br.             7 fr.

**3388. Boitard.** Traité de la com-
position et de l'ornement des Jardins avec 96 planches représentant
des plans de jardins, des fabriques
propres à leur décoration, et des
machines pour élever les eaux.

*Paris, Audot*, 1825 ; in-4 oblong, broché. **20 fr.**

Rare.

Maisons gothiques, pavillons rustiques, ponts, rivières, monuments, machines, etc.

**3389. Bollioud - Mermet.** De la Bibliomanie. *La Haye*, 1761 (*Paris, Jouaust*, 1866) ; in-12, br. **4 fr.**

PAPIER VERGÉ.

**3390. Bonfons** (Pierre). Les Antiquitez et choses plus remarquables de Paris, recueillies par M. Pierre Bonfons... Augmentées par frere Jacques du Breul, Religieux de l'Abbaye de Sainct-Germain des Prez. *Paris, Nicolas Bonfons*, 1608 ; pet. in-8, fig. sur bois, mar. rouge, dos orné, fil., tr. dor. (*Trautz-Bauzonnet*). **120 fr.**

Ouvrage des plus précieux pour l'histoire de Paris, particulièrement pour les épitaphes que renfermaient alors les églises et monastères de cette ville, et que l'auteur a toutes relevées.

Bel exemplaire aux armes et au chiffre du baron SEILLIÈRE.

**3391. Bonnard** (Bernard de). Poésies diverses. *Paris, Desenne*, 1791 ; in-8, cart., *non rogné*. **7 fr.**

Joli portrait gravé par *de Launay*.

**3392. Bonnardot** (Alfred). Le Mirouer du Bibliophile parisien, où se voyent au vray le naturel, les ruses et les joyeulz Esbattements des fureteurs de vieilz livres. *Paris, imp. par Guiraudet et Jouaust*, 1848 ; in-16, br. **6 fr.**

**3393. Bonnardot.** Les rues et églises de Paris, vers 1500. Une fête à la Bastille en 1508. Le supplice du maréchal de Biron à la Bastille en 1602. Publiés d'après les éditions princeps avec préface et notes. *Paris, Willem*, 1876 ; in-8, broché. **3 fr.**

Réimpression de pièces rares et curieuses, intéressantes pour l'histoire parisienne, publiée à 10 francs.

**3394. Bonne.** Atlas moderne ou collection de Cartes sur toutes les parties du globe terrestre par plusieurs auteurs. *Paris, Lattré et Delalain*, 1762-1771 ; 2 vol. pet. in-fol., demi-rel. chagrin vert. **60 fr.**

PREMIÈRE ÉDITION de ce très bel atlas dressé par *Bonne, Janvier* et *Zannoni*, comprenant 2 titres par *Monnet* et *Marillier*, 2 ff. grav. d'avertissements. 2 ff. gr. de table, 35 cartes pour la première et 41 cartes pour la seconde partie, illustrées

de très beaux cartouches du plus pur style de la fin du règne de Louis XV, par *Marillier, Choffard, Arrivet* et autres.

**3395. Bonne.** Description géographique abrégée de la France. *Paris, imp. Butard*, 1764 ; in-16, veau. **40 fr.**

Un des plus jolis atlas publiés au siècle dernier, comprenant un frontispice gravé par *de Longueil* d'après *Gravelot*, et 28 cartes, finement coloriées, des anciennes provinces de France.

**3396. Bonneville de Marsangy.** Le Chevalier de Vergennes. Son ambassade à Constantinople. *Paris, Plon et Nourrit*, 1894 ; 2 vol. in-8, br. **10 fr.**

**3397. Bosc** (Ernest). Dictionnaire général de l'Archéologie et des Antiquités chez les divers peuples. *Paris, Firmin-Didot*, 1881 ; in-12, br. **5 fr.**

450 gravures dans le texte.

**3398. Bossuet.** Œuvres choisies de Bossuet, évêque de Meaux, revues sur les manuscrits originaux et les éditions les plus correctes. *Versailles, imp. de J.-A. Lebel*, 1821-1823, 26 vol. in-8. — Histoire de Bossuet, par M. le cardinal de Bausset. *Versailles*, 1821 ; 4 vol. in-8. Ens. 30 vol. in-8, cart., *non rognés*. **45 fr.**

**3399. Botta** (Charles). Histoire de la guerre de l'indépendance des Etats-Unis d'Amérique. Traduite de l'italien, et précédée d'une introduction par M. L. de Sevelinges. *Paris, Dentu*, 1812-1813 ; 4 vol. in-8, demi-rel. dos et coins de veau fauve, dos orné, tr. marbr. **28 fr.**

Portrait de Washington, cartes et plans gravés sur cuivre.

**3400. Bouchot** (Henri). Le Cabinet des estampes de la bibliothèque nationale. *Paris, Dentu, s. d.* (1895); in-8, br. **7 fr.**

**3401. Bouchot** (Henri). Les Femmes de Brantôme. *Paris, Quantin*, 1890; in-4, br. **15 fr.**

Ouvrage orné de 30 planches hors texte et de nombreuses gravures dans le texte reproduites d'après les dessins originaux.

**3402. Bouquet.** RECUEIL DES HISTORIENS DES GAULES et de la France, contenant tout ce qui a été fait par les Gaulois et ce qui s'est passé dans les Gaules avant l'arrivée des François : et plusieurs autres cho-

**Achat de Bibliothèques**

ses qui regardent les François depuis leur origine jusqu'à Clovis. *A Paris, aux dépens des libraires associés*, 1738-1870 ; 23 vol. in-fol. dont 10 en demi-rel. mar. brun, tête dor., *non rognés* et les 13 autres en veau marbré, dos orné, tr. rouge. 750 fr.

> Bel exemplaire d'un ouvrage rarement complet.
> Les 13 premiers volumes sont aux armes royales.

3403. **Bourbon** (Loys de). La Chronique du bon Loys de Bourbon, publiée par A.-M. Chazaud. *Paris, Loones*, 1877; in-8, br. 6 fr.

> De la collection de la *Société de l'histoire de France.*

3404. **Bourget** (Paul). Œuvres de Paul Bourget. *Paris, Alphonse Lemerre*, 1885-1891 ; 4 vol. pet. in-12, portr., br. 40 fr.

> Poésies, 2 vol. — L'Irréparable. — Cruelle énigme.
> L'un des 25 exemplaires sur PAPIER DE CHINE.

3405. **Bourniseaux**. Histoire de Louis XVI, avec les anecdotes de son règne, par P.-V.-J. Bourniseaux. *Paris, Rosier et Mame*, 1829 ; 3 vol. in-8, basane. 10 fr.

3406. **Bournon**. Paris. Histoire, monuments, administration, environs de Paris, par Fernand Bournon. *Paris, Arm. Colin*, 1888 ; in-8, fig., demi-rel. dos et coins de chagr. rouge, *non rogné.* 15 fr.

3407. **Boyssat** (Pierre de). Histoire des Chevaliers de l'Ordre de l'hospital de S. Jean de Hierusalem, contenant leur admirable institution et police, la suite des guerres de la Terre saincte, la conqueste et les trois grands sièges de Rhodes, le merveilleux siège de Malte. Par P. Boyssat, seigneur de Licieu. *Lyon, les héritiers de Guil. Roville*, 1612 ; 2 tomes en 1 vol. in-4, mar. rouge jans., tr. dor. (*Chambolle-Duru*). 150 fr.

> Bel exemplaire de cet excellent ouvrage historique.

3408. **Brantôme.** Œuvres complètes, augmentées de plusieurs fragments inédits. *Paris, Foucault*, 1822-1823; 8 vol. in-8, br. 25 fr.

3409. **Brazier**. Chroniques des petits Théâtres de Paris depuis leur création jusqu'à ce jour. *Paris, Allardin*, 1837 ; 2 vol. in-8, demi-rel. veau rouge, dos orné. 8 fr.

3410. **Bretagne**. Liste de tous Nosseigneurs de la Chambres des Comptes de Bretagne depuis 1400 jusqu'en la présente année 1732. *A Nantes, chez N. Verger*, 1732 ; in-12, bas. 20 fr.

3411. **Bretagne**. Preuves de la pleine souveraineté du roi de Bretagne. *Paris*, 1765 ; in-8, veau marbr. 4 fr.

> Les trois lettres de ce traité sont de Lorry, inspecteur général du domaine ; les deux réponses de Duparc-Poullain, avocat à Rennes.

3412. **Brice** (Germain). Description de la ville de Paris et de tout ce qu'elle contient de remarquable. Septième édition revue et augmentée. *Amsterdam, M.-C. Le Cène*, 1718; 3 vol. in-12, veau. 25 fr.

> Plan et figures sur cuivre. Edition donnée sur la sixième, publiée à Paris en 1713.

3413. **Broglie** (Duc de). Souvenirs, 1785-1870, du feu duc de Broglie. *Paris, Calmann-Lévy*, 1886 ; 4 vol. in-8, br. 12 fr.

3414. **Brooke** (H.-F.). Description historique de l'île de Sainte-Hélène, traduite et mise en ordre par J. Cohen. Seconde édition. *Paris, A. Bertrand*, 1815 ; in-8, carte et plan, veau, dos orné. 3 fr.

3415. **Brumoy**. Théâtre des Grecs, par le P. Brumoy. Nouvelle édition enrichie de très belles gravures et augmentée de la traduction entière des pièces grecques. *Paris, Cussac*, 1785-1789 ; 13 vol. in-8, veau granit, dos orné, fil. (*Rel. anc.*) 40 fr.

> 23 figures par *Borel, Defraine, Le Barbier, Maréchal, Marchand, Marillier* et *Monnier*, gravées par *Delignon, Guttemberg, Halbou, Langlois, Masquelier, Païas, Petit* et *Texier.*

3416. **Bry** (Auguste). Raffet, sa vie et ses œuvres. *Paris, Dentu*, 1861; in-8, br. 12 fr.

> 2 portraits de Raffet lithographiés, 2 eaux-fortes et 4 fac-similés. — Très rare.

3417. **Buckle**. Histoire de la Civilisation en Angleterre. *Paris, Lacroix*, 1865 ; 5 vol. in-8, demi-rel. chagrin rouge. 12 fr.

**Et de Livres anciens et modernes**

3418. **Budé**. Traitté de la Venerie par feu Monsieur Budé. Traduict du latin en françois par Loys le Roy dict Regius, publié par Henri Chevreul. *Paris, Aubry,* 1861 ; in-8, demi-rel. mar. vert, tête dor., éb.      15 fr.

> Tiré à 200 exemplaires sur papier vergé.

3419. **Buffon**. Œuvres complètes de Buffon, avec les descriptions anatomiques de Daubenton. Nouvelle édition, dirigée par M. Lamouroux (et par Desmarest). *Paris, Verdière et Ladrange (imprimerie de F. Didot),* 1824-1832 ; 40 vol. in-8, portr. et fig., demi-rel. dos et coins de veau fauve, tête dor., *non rog.* (*Muller, succ. de Thouvenin*) 250 fr.

> Bonne édition ; la seule des réimpressions modernes de ce grand ouvrage qui renferme la partie anatomique de Daubenton, si avantageusement appréciée par Cuvier, duquel on ajouté le « Rapport historique » formant le 41ᵉ volume, complément indispensable de ce beau monument de la science zoologique.
> Très bel exemplaire en GRAND PAPIER VÉLIN, contenant les figures lithographiées finement coloriées.
> Légères mouillures à quelques volumes.

3420. **Bussy-Rabutin**. Mémoires. *Paris, Charpentier,* 1857 ; 2 vol. in-18. — Correspondance. *Paris, Charpentier,* 1857-1859 ; 6 vol. in-18. Ens. 8 vol. in-18, br. 20 fr.

3421. **Buvard** ; pet. in-fol. du XVIIᵉ siècle, en maroquin rouge, orné d'une large dentelle à petits fers et triple filet encadrant une croix placée au centre des plats ; doublé de mar. vert avec dent. (*Rel. anc.*).      250 fr.

> Haut. : 430 mm. Larg. 280 mm. Conservation parfaite.

3422. **Buvard** du XVIIᵉ siècle ; in-4, en maroquin rouge, orné d'une jolie dentelle à petits fers et d'une guirlande de fleurs dans chacun des angles des plats (*Rel. anc.*). 150 fr.

> Haut. : 315 mm. ; larg. 250 mm.

3423. **Buvard** romantique ; in-4, en maroquin violet, orné de compartiments à froid et dorés, mosaïqués de mar. rouge, vert et citron, avec coins en bronze ciselé et doré. 250 fr.

> Très belle pièce. — Haut. : 305 mm. ; larg. 225 mm.

3424. **Buvat**. Journal de la Régence, 1715-1723, par Jean Buvat, écrivain de la bibliothèque du roi, publié par Emile Campardon. *Paris, Plon,* 1865 ; 2 vol. in-8, *brochés.*    8 fr.

3425. **Caractères** (Les) de la Tragédie, publiés (par le prince Wiszniewski) d'après un manuscrit attribué à La Bruyère. *Paris, Académie des Bibliophiles,* 1872 ; pet. in-12, br.    6 fr.

> PAPIER VERGÉ.

3426. **Catalogue** d'une Collection très-importante d'ouvrages historiques et satiriques sur Louis XVI, Marie-Antoinette et la Révolution française. *Paris, E. Gouin,* 1869 ; in-12, br.    3 fr.

> PAPIER VERGÉ.

3427. **Catalogue** illustré de la collection des dessins et croquis originaux exécutés à l'aquarelle, à la sépia, à la plume et au crayon par J.-J. Grandville dont la vente aura lieu après son décès les 4 et 5 mars 1853. *Paris, Plon,* 1853 ; in-8, br. 20 fr.

> Catalogue extrêmement rare.

3428. **Catulle**. Poésies. Traduction nouvelle par Victor Develay. *Paris, libr. des auteurs,* 1867 ; in-16, br. 3 fr.

> Ouvrage tiré à petit nombre sur papier vélin.

3429. **Cayron** (Jules Noriac). Le 101ᵉ Régiment. *Paris, libr. nouvelle,* 1858 ; in-12, br., couv. 20 fr.

> ÉDITION ORIGINALE.

3430. **Cazotte**. Œuvres badines et morales. Nouvelle édition, corrigée et augmentée. *Londres (Cazin),* 1788 ; 7 vol. in-18, br.    15 fr.

> Frontispices de *Dunker.*

3431. **Chadeuil** (Gustave). Les Mystères du Palais. (Mémoires d'un petit bossu). *Paris, Dentu,* 1860 ; in-12, br.    3 fr.

3432. **Champfleury**. Monsieur Tringle, avec une carte du théâtre des événements. *Paris, Dentu,* 1866 ; in-12, br., couv.    3 fr. 50

3433. **Champfleury**. Œuvres posthumes. Salons, 1846-1851. Introduction par Jules Troubat. *Paris, Alph. Lemerre,* 1894 ; pet. in-12, br.    3 fr.

3434. **Chansonnier** des Dames. *Paris, Louis Janet* (1832) ; in-16, cart.    5 fr.

> Titre et musique gravés.

**Achat de Bibliothèques**

**3435. Chansonnier** (Le) des Grâces, avec 42 airs gravés. *Paris, F. Louis,* 1813 ; in-16, mar. vert, dos orné, dent., tr. dor., tabis (*Lefebvre*)     15 fr.

Joli recueil orné d'un frontispice de *Chasselat*.

**3436. Chansonnier** des Jours Gras. Recueil de chansons faites pour egayer les réunions pendant le carnaval. *Lille, Casteaux* (1819); in-32, front., demi-rel. dos et coins de chagr. bleu, *non rogné.*     7 fr.

**3437. Chansons.** Le Souvenir des Ménestrels, contenant une collection de romances inédites, ou des plus jolies qui ont paru dans le courant de l'année 1819. *Paris, Vve Benoist,* 1820 ; in-16, cart. soie, tr. dor.     15 fr.

Volume entièrement gravé texte et musique. Figures de *Garnercy, Chasselat, Géricault* et *Aubry.*

**3438. Chassant** (Alph.). Nobiliana. Curiosités nobiliaires et héraldiques. *Paris, Aug. Aubry,* 1858 ; in-12, demi-rel. dos et coins de mar. rouge, tête dor., *non rogné* (*Closs*).     5 fr.

PAPIER VERGÉ.

**3439. Chatillon** (Auguste de). Poésies. 3e édition très augmentée. *Paris, libr. du Petit Journal,* 1866; in-12, br.     3 fr.

**3440. Chef-d'Œuvres** politiques et littéraires de la fin du XVIIIe siècle, ou choix des productions les plus piquantes que les lumières et le ridicule, la philosophie et la gaîté, la raison et la bisarrerie ont fait eclorre dans cette époque intéressante. *Paris, Desauges,* 1792 ; 3 tomes en un vol. in-8, demi-rel. bas.     6 fr.

**3441. Code** de la Librairie et Imprimerie de Paris, ou conférence du réglement arrêté au Conseil d'Etat du roy, le 28 février 1723, et rendu commun pour tout le royaume par arrêt du Conseil d'Etat du 24 mars 1744. *Paris, aux dépens de la communauté,* 1744 ; in-12, mar. rouge, dos orné, dent., tr. dor. (*Rel. anc.*)     150 fr.

Bel exemplaire.

**3442. Collection** complète des Mémoires relatifs à l'histoire de France, depuis le règne de Philippe-Auguste jusqu'au commencement du dix-septième siècle ; avec des notices sur chaque auteur et des observations sur chaque ouvrage, par M. Petitot (et Monmerqué). *Paris, Foucault,* 1819-1829 ; 139 vol. in-8, demi-rel. basane. 300 fr.

Le 48e volume manque.

**3443. Collection** de petits Classiques françois. *Paris, Delangle,* 1825-1828 ; 10 vol. in-16, demi-rel. dos et coins de mar. rouge, dos orné, tête dor., éb., *non rognés* (*David*).     75 fr.

Charmante collection publiée par Nodier et Delangle et imprimée à 500 exemplaires par Jules Didot l'aîné, comprenant : Madrigaux de la Sablière ; Retz. Conjuration de Fiesque ; Voyage de Chapelle et Bachaumont ; Diverses petites poésies du chevalier d'Aceilly ; la Guirlande de Julie ; Œuvres de Sénecé ; H. de Bessé. Relation des campagnes de Rocroi et de Fribourg ; Œuvres choisies de Sarrazin ; Poésies diverses de Ch. Nodier ; et Poésies de Mme Désomery. Bel exemplaire.

**3444. Collection** des Moralistes anciens, dédiée au Roi. *Paris, Didot l'aîné et de Bure l'aîné,* 1783 ; 15 tomes en 8 vol. in-16, demi-rel. mar. rouge, dos orné, *non rognés* (*Rel. anc.*)     70 fr.

Très bel exemplaire dans une reliure genre Bozérian, comprenant : Pensées de Confucius, Morale de Senèque, Entretiens de Socrate, Pensées de Plutarque, Apophthegmes des Lacédémoniens, Morale d'Isocrate et de Cicéron, Manuel d'Epictète, Sentences des sages de la Grèce, Morale de Moïse.

**3445. Collection** des Poètes françois, publiée par Coustelier. *Paris, Coustelier,* 1723-1724 ; 10 vol. in-12, veau marbré, tr. dor. 50 fr.

Poésies de Coquillart, de Guill. Crétin ; La Légende de P. Faifeu ; Œuvre de J. Marot ; Martial, 2 vol. ; La Farce de Pathelin ; Villon ; Racan, 2 vol. Légère différence dans la reliure du Racan.

**3446. Cooper** (J.-F.). Œuvres, traduction Defauconpret. *Paris, Furne, Pagnerre, Perrotin,* 1862 ; 30 vol. in-8, br.     80 fr.

Vignettes sur acier.

**3447. Coppée** (François). Intimités. *Paris, Alph. Lemerre,* 1868; in-12, br.     4 fr.

EDITION ORIGINALE.

**3448. Corneille.** LE THÉATRE DE

P. Corneille, reveu et corrigé par l'autheur. *A Rouen, et se vend à Paris, chez Guillaume de Luynes*, 1664 ; 3 vol. — Poèmes dramatiques de T. Corneille. *A Rouen, et se vend à Paris, chez Guillaume de Luynes*, 1665 ; 2 vol. — Ensemble 5 vol. in-8, front. gravés, fig. de Chauveau, mar. rouge jans., tr. dor. (*Cuzin*).　500 fr.

Cette édition, donnée sur celle de 1664, 2 vol. in-fol., contient les discours sur le poème dramatique et les examens des pièces. Le nouveau système orthographique employé par Corneille a été également suivi.

3449. **Corneille** (Pierre). Théâtre de P. Corneille. Texte de 1682, avec notices et notes par Alphonse Pauly. *Paris, Alphonse Lemerre*, 1881-1886 ; 8 vol. in-12, portr., br.　70 fr.

L'un des 50 exemplaires sur PAPIER WHATMAN (n° 1) avec la suite des 35 eaux-fortes par *Mongin*, d'après *Gravelot*, tirées sur même papier et de format gr. in-8.

3450. **Cornutus** (Le R. P.) à tous les cocus. Sermon prononcé devant la très antique et très universelle confrérie des trop bien mariés. *A Corneville*, 9781 (1879) ; in-12, br.　3 fr.

PAPIER JONQUILLE.

3451. **Correspondance secrète** de Charette, Stofflet, Puisaye, Cormatin, d'Autichamp, Bernier, Frotté, Scépeaux, Botherel ; du Prétendant, du ci-devant comte d'Artois, de leurs ministres et agens. *Paris, Buisson*, 1799 ; 2 vol. in-8, port., br.　12 fr.

3452. **Correspondance** secrète inédite sur Marie-Antoinette, la Cour et la Ville, de 1777 à 1792, publiée d'après les mss. de la Bibliothèque de Saint-Pétersbourg, par M. de Lescure. *Paris, Plon*, 1886 ; 2 vol. in-8, br.　8 fr.

3453. **Corroënne** (A.). Bulletin du Cazinophile. Période initiale du petit format à vignettes et figures. Collection Cazin. *Paris, Ed. Rouveyre*, 1880 ; in-12, br.　5 fr.

PAPIER VERGÉ.

3454. **Coulanges** (Marquis de). Recueil de chansons choisies. Seconde édition revue, corrigée et augmentée. *Paris, Simon Bernard*, 1698 ;

2 vol. in-12, mar. rouge, dos orné, fil., tr. dor. (*Rel. anc.*)　35 fr.

Bel exemplaire.

3455. **Couffon de Kerdellech**. Recherches sur la chevalerie du duché de Bretagne. *Nantes, Vincent Forest*, 1877 ; 8 vol. in-8, br. 15 fr.

3456. **Courrier** de l'Aurore ou journal National et étranger. *Paris, impr. Rivet*, 1790 ; 2 vol. in-8, demi-rel. bas.　12 fr.

Collection des 205 numéros de cette publication, intéressante pour la première période de l'histoire de la Révolution.

3457. **Curiosités** théologiques par un bibliophile (G. Brunet). *Paris, Ad. Delalays*, 1861 ; in-12, br. 4 fr.

PAPIER VERGÉ.

3458. **Danse** (La) des Morts, gravée d'après les tableaux à fresque qui se trouvaient le long du cimetière de l'église S. Jean à Bâle. *Basle, Otto Stuckert*, 1856 ; in-16 carré, br.　8 fr.

Figures sur bois.

3459. **De Bure.** Bibliographie instructive ou traité de la connaissance des livres rares et singuliers, contenant un catalogue raisonné de la plus grande partie de ces livres précieux... disposé par ordre de matières... avec une table générale des auteurs et un système complet de bibliographie choisie, par G. Fr. de Bure le jeune. *Paris, de Bure le jeune*, 1763-1768, 7 vol. — Supplément à la bibliothèque instructive, ou catalogue des livres du cabinet de feu M. L. J. Gaignat. Disposé et mis en ordre par G. Fr. de Bure. *Paris, de Bure*, 1769 ; 2 vol. — Bibliographie instructive, tome X, contenant une table destinée à faciliter la recherche des ouvrages anonymes... *Paris, Gogué et Née de La Rochelle*, 1782 ; 1 vol. — Catalogue des Livres provenans de la bibliothèque de M. L. D. D. L. V. (le duc de La Vallière) disposé et mis en ordre par Guill. Franç. de Bure le jeune. *Paris, de Bure*, 1767 ; 2 vol. — Ens. 12 vol. in-4, mar. rouge, dos orné, fil., tr. dor. (*Rel. anc.*).　150 fr.

Bel exemplaire sur GRAND PAPIER DE HOLLANDE, avec les prix d'adjudication manuscrits au catalogue Gaignat.

**Achat de Bibliothèques**

3460. **Delaroa** (Joseph). Les Pate-
notres d'un Surnuméraire, conseils
d'un grand-oncle. *Lyon, L. Perrin,*
1860 ; in-16, br. 3 fr.
PAPIER VERGÉ.

3461. **Delvau** (Alfred). Les Plaisirs
de Paris. Guide pratique et illustré.
*Paris, Ach. Faure,* 1867 ; in-12,
br. 3 fr. 50
Vignettes sur bois.

3462. **Description** naïve et sensible
de la fameuse église Sainte-Cécile
d'Albi. Edition nouvelle publiée par
Eugène d'Auriac. *Paris, Acad. des
Bibliophiles,* 1867 ; in-12, br. 5 fr.
PAPIER VERGÉ.

3463. **Diderot.** Le Neveu de Rameau. Texte revu d'après les manuscrits. Notice, notes, bibliographie, par Gustave Isambert. *Paris,
A. Quantin,* 1883 ; in-8, br. 5 fr.
Texte encadré. Portrait d'après *Wille,*
et 2 eaux-fortes par *Saint-Elme Gauthier.*

3464. **Diorama** anglais ou prome-
nades pittoresques à Londres, renfermant les notes les plus exactes
sur les caractères, les mœurs et
usages de la nation anglaise, prise
dans les différentes classes de la
société, par M. S... (J.-B.-B. Sau-
van). *Paris, J. Didot,* 1823 ; in-8,
veau rose, dos orné, éb. 90 fr.
24 figures en couleur d'après *Cruik-
shank.*
Bel exemplaire.

3465. **Dorat.** Les Tourterelles de
Zelmis, poëme en trois chants, par
l'auteur de Barnevelt. (*Paris,* 1766),
in-8, cart., *non rogné.* 40 fr.
Titre-frontispice, figure, vignette et
cul-de-lampe par *Eisen,* gravés par *de
Longueil.*

3466. **Du Breul** (Jacques). Le Théâtre des antiquitez de Paris, où est
traicté de la fondation des églises
et chapelles de la Cité, Université,
Ville et Diocèse de Paris : comme
aussi de l'institution du parlement,
fondation de l'université et collèges,
et autres choses remarquables.
*Paris, P. Chevalier,* 1612 ; in-4,
fig., basane. 40 fr.
ÉDITION ORIGINALE de ce livre rare et
précieux pour l'histoire parisienne. L'a-
chevé d'imprimer est daté du 2 avril 1612.
Figures sur cuivre de *Th. de Leu* et de
*Léonard Gaultier.*

3467. **Du Buisson.** Le Tableau de
la Volupté, ou les quatre parties du
jour. Poeme en vers libres, par M.
D. B. *A Cythère (Paris) au temple
du plaisir,* 1771 ; in-8, demi-rel.
chagr. vert. 15 fr.
Frontispice, 4 vignettes en-tête et 4
culs-de-lampe par *Eisen,* gravés par *de
Longueil.*
Les 3 derniers ff. du texte sont remontés
à chassis.

3468. **Du Camp** (Maxime). Paris,
ses organes, ses fonctions et sa vie
dans la seconde moitié du XIXe
siècle. *Paris, Hachette,* 1873-1876 ;
6 vol. in-8, br. 20 fr.

3469. **Duchesne** (aîné). Essai sur les
Nielles, gravure des orfèvres flo-
rentins du XVe siècle. *Paris, Merlin,* 1826 ; in-8, fig., demi-rel.
basane. 15 fr.
Reproduction de nielles d'après *Maso
Finiguerra, Peregrini* et autres.

3470. **Duclos.** Mémoires secrets sur
le règne de Louis XIV, la Régence
et le règne de Louis XV. Nouvelle
édition. *Paris, Jules Gay,* 1864 ;
2 vol. in-8, br. 9 fr.
Ouvrage tiré à 195 exemplaires sur PA-
PIER DE HOLLANDE.

3471. **Du Fail** (Noël). Les Contes
et Discours d'Eutrapel, par le feu
Seigneur de la Hérissaye, gentil-
homme breton. *Rennes, Noel Glamet,* 1598 ; in-12, mar. rouge, dos
orné à la grotesque, fil., tr. dor.
(*Rel. anc.*). 100 fr.
Bel exemplaire dans une jolie reliure de
Padeloup. *Ex-libris* de Laus de Boissy,
collé sur la garde.

3472. **Dulaurens** (l'abbé). Le Com-
père Mathieu ou les bizarreries de
l'esprit humain. (*Paris*), *impr. de
Patris,* 1796; 3 vol. in-8, bas. 15 fr.
Neuf figures en taille-douce non signées.

3473. **Du Lorens** (Jacques). Les
Satyres du sieur Du Lorens. Divi-
sées en deux livres. *Paris, Jacques
Villery,* 1624 ; in-8, mar. vert, dos
et milieux ornés et mosaïqués, tr.
dor. (*Petit*). 80 fr.
Bel exemplaire de l'ÉDITION ORIGINALE
contenant 11 satires dans le premier livre
et 14 dans le second.

3474. **Dumas père** (Alexandre).
Grand Dictionnaire de Cuisine.
*Paris, Alph. Lemerre,* 1873 ; gr.
in-8, cart. toile, *non rogné.* 15 fr.
Deux portraits à l'eau-forte par *Rajon.*

**Et de Livres anciens et modernes**

**3475. Dumas fils** (Alexandre). Le Régent Mustel. *Paris, libr. nouvelle*, 1856; in-8, br., couv. 2 fr.

Première édition dans ce format.

**3476. Dumas fils** (Alexandre). Théâtre complet, avec préfaces inédites. *Paris, Calmann Lévy*, 1890; 7 vol. in-18, cart. toile, *non rognés*. 25 fr.

Exemplaire à l'état de neuf.

**3477. Du Moulin** (Gabriel). Histoire générale de Normandie, contenant les choses mémorables advenues depuis les premières courses des Normands payens; avec l'histoire de leurs ducs, leur généalogie et conquestes jusqu'à la réunion de la Normandie à la couronne de France. *Rouen, Jean Osmont,* 1631; in-fol., basane brune, dos orné, tr. rouge. 150 fr.

Cet ouvrage, important pour l'histoire de Normandie, est devenu rare et est recherché.

Exemplaire dans une bonne reliure moderne.

**3478. Dupleix.** Les Causes de la veille et du sommeil, des Songes, et de la Vie et de la Mort, par Scipion du Pleix, conseiller et advocat du Roy, en la sénéchaucée de Gascoigne. *Paris, Laurent Sonnius,* 1609; pet. in-12, mar. vert, fil. à froid, tr. dor. (*Lortic*). 75 fr.

Bel exemplaire d'un ouvrage curieux et peu connu.

**3479. Du Plessis** (Toussaint). Nouvelles annales de Paris, jusqu'au règne de Hugues Capet. On y a joint le poème d'Albon sur le fameux siège de Paris. *Paris, Vve Lottin et Butard,* 1753; in-4, basane. 15 fr.

Ouvrage fort intéressant pour l'histoire de Paris.

**3480. Dupont** (Paul). Une imprimerie en 1867; *Paris,* 1867; in-4, br. 4 fr.

Nombreuses vignettes sur bois.

**3481. Du Val** (L.). Le Blason en plusieurs tables et figures, avec des remarques et 2 alphabets : l'un des termes de cet art, l'autre des principales armes du monde. *Paris, s. d.;* in-12, veau. 5 fr.

Planches en taille-douce. Rare. Quelques légères déchirures.

**3482. Entretiens** (Les) familiers des Animaux parlans, où sont decouverts les plus importans secrets de l'Europe dans la conjoncture de ce temps. *Amsterdam, Herman de Wit,* 1672; in-16, mar. rouge, dos orné, fil., tr. dor. (*Rel. anc.*). 40 fr.

Rare et curieux ouvrage avec une « clef pour entendre les entretiens des animaux parlans ». Les interlocuteurs sont entre autres le roi de l'aigle (l'Empereur), le roi des renards (d'Espagne), le roi des licornes (de Portugal), le roi des coqs (de France), etc.

**3483. Erotopægnion,** sive priapeia veterum et recentiorum. Veneri jocasæ sacrum edente E. Noël. *Lutetiæ Parisiorum, Patris,* 1798; 2 part. en un vol. pet. in-8, demi-rel. dos et coins de chagrin brun, tête dor., *non rogné.* 25 fr.

Ouvrage rare à rencontrer avec les 2 planches des Phalli. On trouve dans ce recueil 10 épigrammes de Martial; 7 d'Ausone, indépendamment du Cento nuptialis. 6 pièces ont été tirées de l'anthologia latina, éditée par Burmann. La seconde partie comprend 140 pièces.

**3484. Escouchy.** Chronique de Mathieu d'Escouchy. Nouvelle édition revue sur les manuscrits et publiée avec notes et éclaircissements, par G. Du Fresne de Beaucourt. *Paris, Renouard,* 1863-1864; 3 vol. in-8, cart., *non rognés.* 15 fr.

PAPIER VERGÉ. De la collection de la *Société de l'histoire de France.*

**3485. Esope.** Franc. Josephi Desbillons S. J. Fabulæ Aesopiae, curis posterioribus, omnes fere, emendatæ, accesserunt plus quam clxx novæ ; tum etiam observationes, grammaticæ præsertim , complures, et index copissus. *Mannheimii, typis academicis,* 1768; 2 vol. in-8, demi-rel. dos et coins de chagr. brun, tête dor., *non rognés.* 12 fr.

Belles figures en taille-douce gravées par *Gilles Verhelst.*

**3486. Esope** en belle humeur, ou dernière tradution et augmentacion de ses fables en prose et en vers (par l'abbé Bruslé de Montpleinchamp). *Amsterdam, Antoine Michels,* 1690 ; in-12, veau fauve, dos orné, fil., tr. dor. (*Rel. anc.*). 30 fr.

Edition dont le titre porte la sphère de l'officine de Mommart de Bruxelles employée par Foppens. Elle est illustrée de jolies vignettes gravées sur cuivre et insérées dans le texte.

Furetière et La Fontaine ont, d'après le
Journal des Savants , collaboré à cet
ouvrage.

**3487. Espagnac** (Baron d'). Histoire de Maurice, comte de Saxe,
duc de Courlande et de Sémigalle.
Nouvelle édition corrigée et considérablement augmentée. *Paris ,
impr. de Ph. Denys Pierres*, 1775;
2 vol. in-4, veau marbr., dos orné,
tr. rouge (*Rel. anc.*).        20 fr.

Portrait et nombreux plans de villes, de
camps, d'attaques, de sièges, de batailles,
etc.

**3488. Eutrapel.** Les Contes et Discours d'Eutrapel (Noël du Fail) par
le feu seigneur de la Hérissaye,
gentilhomme breton. *Rennes, Noël
Glamet*, 1603 ; in-8, mar. rouge,
fil. à froid.        40 fr.

Raccommodage au titre et aux 2 premiers feuillets.

**3489. Faber du Faur** (G. de).
Campagne de Russie, 1812, d'après
un journal illustré d'un témoin oculaire, avec introduction par Armand
Dayot. *Paris, Ern. Flammarion,
s. d., gr. in-8, broché.*        8 fr.

Nombreuses illustrations.

**3490. Fable** (la) de Christ dévoilée,
ou lettre du Muphti de Constantinople à Jean Ange Braschy (Pie VI),
muphti de Rome. *Paris, impr. de
Franklin, l'an II* (1794) ; in-8,
cart.        3 fr.

Ce pamphlet orné d'une figure allégorique
gravée sur cuivre, est généralement attribué à Sylvain Maréchal.

**3491. Fabre** (Ferdinand). L'Abbé
Tigrane , candidat à la papauté.
*Paris, Conquet*, 1890; pet. in-8,
broché.        60 fr.

Très belle édition sur PAPIER VÉLIN DU
MARAIS, ornée d'un portrait d'après *J.-P.
Laurens*, et de 20 eaux-fortes originales
de *E. Rudaux*. Une charmante aquarelle
de *H. de Sta* a été peinte sur le faux-titre.

**3492. Félibien.** Entretiens sur les
vies et sur les ouvrages des plus
excellents Peintres anciens et modernes, avec la vie des Architectes.
Nouvelle édition, revue, corrigée
et augmentée. *A Trévoux*, 1725 ;
6 vol. pet. in-8, fig., demi-rel.
bas., dos orné, *non rognés*.    20 fr.

On a relié à la suite du 6ᵉ vol. : *Traité
de la Miniature par Mˡˡᵉ Perrot.*

**3493. Félibien** (Michel). Histoire
de la ville de Paris, composée par
D. Michel Félibien, reveue, augmentée et mise au jour par D.
Guy-Alexis Lobineau, tous deux
prêtres religieux bénédictins, de la
congrégation de Saint-Maur. *Paris,
Desprez et Desessartz*, 1725; 5 vol.
in-fol., veau marbr. , dos orné.
(*Rel. anc.*)        125 fr.

Très bel exemplaire en GRAND PAPIER,
orné de nombreuses figures gravées en
taille-douce d'après *Chevetet.*

**3494. Félibien des Avaux.** Description de l'Eglise royale des Invalides (par Félibien des Avaux).
*Paris (de l'impr. de J. Quillau)*,
1706 ; in-fol., pl., mar. rouge, dos
orné, fil., tr. dor. (*Rel. anc.*) 200 fr.

Frontispice représentant les Invalides.
Nombreux en-têtes, lettres ornées, culs-
de-lampe, etc.

La table donne les noms des artistes
employés à la construction de l'église et la
nature de leurs travaux.

Rare exemplaire avec bordures gravées
à chaque page. Aux armes de France.

**3495. Fénelon.** Les Aventures de
Télémaque, fils d'Ulysse, par M. de
Fénelon. *Paris (Deterville), impr.
de Crapelet, an VI* (1796) ; 2 vol.
in-8, portr. et fig., veau fauve, dos
orné, dent., tr. dor. (*Rel. anc.*) 100 fr.

Portrait par *Vivien* et 24 figures par
*Marillier*, AVANT LA LETTRE.

Exemplaire en PAPIER VÉLIN dans une
reliure de l'époque de la publication du
livre.

**3496. Fénelon.** Les Aventures de
Télémaque, fils d'Ulysse. *Paris, de
l'impr. de P. Didot l'aîné*, 1796 ;
4 vol. in-18, fig., mar. citron, dos
orné, dent., tr. dor. (*Rel. anc.*) 100 fr.

Portrait de Fénelon d'après *Vivien*,
gravé par *Gaucher*, et 24 ravissantes
figures de *Queverdo*, grav. par *Dambrun,
Delignon, de Launay, Gaucher* et *Villerey.*

Bel exemplaire sur papier vélin, avec
les figures AVANT LA LETTRE.

La reliure du tome 1ᵉʳ est plus moderne
et diffère quelque peu des autres volumes.

**3497. Fertiault.** Histoire anecdotique et pittoresque de la Danse
chez les peuples anciens et modernes. *Paris, A. Aubry*, 1854 ;
in-16, demi-rel. dos et coins de
mar. brun, tête dor., *non rogné*
(*Capé*).        6 fr.

**3498. Feuillet de Conches.** Louis
XVI, Marie-Antoinette et Madame
Elisabeth. Lettres et documents

inédits. *Paris, Plon,* 1864-1873 ; 6 vol. in-8, portr., br.　30 fr.

3499. **Fin** (La) du 18ᵉ siècle, ou Anecdotes curieuses et intéressantes, tirées de mss. originaux, de pièces officielles, ou transmises par les auteurs mêmes des faits, ou par des témoins non suspects, pour servir à l'histoire de la République française. (Par Ant. Serieys et J.-F. André). *Paris, Monory,* 1805-1806 ; in-8, bas.　7 fr.

3500. **Flavigny** (Vicomte de). État de la compagnie écossoise des gardes du corps du roi à Coblentz en 1791 et 1792. Deuxième édition. *Paris, Dumaine et Champion,* 1879 ; in-12, br.　.　3 fr.

PAPIER VERGÉ.

3501. **Fontane** (Marius). Histoire universelle. *Paris, Alph. Lemerre,* 1881-1885 ; 5 vol. in-8, *brochés.* 20 fr.

Inde védique. — Les Iraniens. — Les Égyptes. — Les Asiatiques. — La Grèce.

3502. **Fournel** (Victor). Tableau du vieux Paris. Les Spectacles populaires et les artistes des Rues. *Paris, Dentu,* 1863 ; in-12, *broché.* 4 fr.

3503. **Fournier** (Édouard). L'Esprit des autres. Deuxième édition. *Paris, Dentu,* 1856 ; in-12, *broché.* 5 fr.

3504. **Fournier** (Édouard). L'Esprit dans l'Histoire. Recherches et curiosités sur les mots historiques. Troisième édition, 1867 ; in-12, *broché.*　5 fr.

3505. **Fournier** (Édouard). Le Vieux-Neuf, histoire ancienne des inventions et découvertes modernes. Deuxième édition. *Paris, Dentu,* 1877 ; 3 vol. in-12, *brochés.* 15 fr.

3506. **Fournier-Verneuil.** Le Huron de Mont-Rouge. *Paris, Marchands de nouveautés,* 1824 ; in-8, demi-rel. veau, dos orné.　3 fr.

3507. **Franklin** (Alfred). Les Corporations ouvrières de Paris du XIIᵉ au XVIIIᵉ siècle. Histoire, statuts, armoiries, d'après des documents originaux ou inédits. *Paris, Firmin-Didot,* 1884 ; in-4, *en livraisons.*　10 fr.

13 fascicules dont 12 avec armoiries en chromolithographie, de chacune des corporations : Barbiers-chirurgiens. — Couvreurs, plombiers, ramoneurs. — Couteliers. — Couturières. — Brodeurs, chasubliers, découpeurs. — Drapiers. — Gantiers-parfumeurs. — Lingères. — Menuisiers-ébénistes. — Passementiers-boutonniers. — Perruquiers-coiffeurs. — Tabletiers. — Tailleurs.

3508. **Franklin** (Alfred). Journal du siège de Paris, en 1590. Rédigé par un des assiégés, publié d'après le manuscrit de la bibliothèque Mazarine et précédé d'une étude sur les mœurs et coutumes des Parisiens au XVIᵉ siècle. *Paris, Willem,* 1876 ; in-8, pl., br.　10 fr.

Un des 30 exemplaires sur PAPIER WHATMAN, publié à 30 fr.

3509. **Franklin** (Alfred). Précis de l'histoire de la bibliothèque du Roi, aujourd'hui Bibliothèque nationale. Deuxième édition corrigée et augmentée. *Paris, Willem,* 1875 ; in-8, br.　6 fr.

Un des 25 exemplaires sur PAPIER DE CHINE. Armoiries et marques de bibliothèques reproduites dans le texte.

3510. **Franklin.** La Sorbonne, ses origines, sa bibliothèque, les débuts de l'imprimerie à Paris et la succession de Richelieu d'après des documents inédits. Deuxième édition corrigée et augmentée. *Paris, Léon Willem,* 1875 ; pet. in-8, fig., br.　5 fr.

Un des 25 exemplaires tirés sur PAPIER DE CHINE (nº 1).

3511. **Franklin** (Alfred). La Vie privée d'autrefois. Arts et métiers, modes, mœurs, usages des Parisiens du XIIᵉ au XIIIᵉ siècle d'après des documents originaux ou inédits. *Paris, Plon et Nourrit,* 1889-1895 ; 5 vol, in-12, br.　12 fr.

Les Repas. — Ecoles et collèges. — Les Magasins de Nouveautés. — L'Enfant : la naissance, le baptême.

3512. **Fualdès** (Procès). Mémoires de Mᵐᵉ Manson, explicatifs de sa conduite dans le procès de l'assassinat de M. Fualdès, écrits par elle-même. Septième édition. *Paris, Pillet,* 1818 ; in-8, br.　7 fr.

Portrait et fac-simile d'écriture.
D'après Quérard ces mémoires ont été rédigés par Henri de Latouche sur une lettre de 4 pages écrites par Mme Manson.

3513. **Fyot** (Fr.). Le Sénat romain (par Fyot, dijonnais). *Paris, P. Emery,* 1702 ; in-12, mar. rouge, dos orné, fil., tr. dor. (*Rel. anc.*).                               120 fr.

Bel exemplaire aux armes de Achille DE HARLAY, premier président du Parlement de Paris.

**3514. Gaëte** (Duc de). Mémoires, souvenirs, opinions et écrits du duc de Gaëte (Martin-Michel-Charles Gudin), ancien ministre des finances. *Paris, Baudouin*, 1826 ; 2 vol. in-8, *brochés*.               35 fr.

Rare. De la collection des mémoires relatifs à la Révolution.

**3515. Gaillardet** (Frédéric). Mémoires sur la chevalière d'Eon. La vérité sur les mystères de sa vie d'après des documents authentiques suivis de douze lettres inédites de Beaumarchais. *Paris, Dentu, s. d.* (1866) ; in-8, portr., br.                               4 fr.

**3516. Gaimard** (Paul). Voyage en Islande et au Groenland, exécuté pendant les années 1835 et 1836, sur la corvette « La Recherche », commandée par M. Trehouart, sous la direction de M. Paul Gaimard. *Paris, Arthus Bertrand,* 1838-1852 ; 7 vol. gr. in-8 et 3 atlas in-fol. et 1 in-4. — Voyages de la commission scientifique du Nord, en Scandinavie, en Laponie, au Spitzberg et aux Feroë pendant les années 1838, 1839 et 1840 sur la corvette « la Recherche », commandée par M. Fabvre, publiés par ordre du gouvernement sous la direction de M. Paul Gaimard. *Paris, Arthus Bertrand* (1843-1848) ; 16 vol. in-8 et 5 atlas in-fol. Ens. 23 vol. gr. in-8, 8 atlas in-fol. et un atlas in-4, demi rel. dos et coins de mar. vert, plats toile, tr. dor.                               800 fr.

Magnifique publication publiée avec le concours de Xavier Marmier, Eug. Robert, V. Lottin, Martins, Bravais, Durocher, Boeck, etc. La première partie est illustrée de 236 planches dont 50 en couleurs, et la seconde d'environ 440 planches dont 80 en couleurs : Ensemble 676 planches. — Bel exemplaire rare à trouver complet.

**3517. Galerie des peintres Flamands**, Hollandais et Allemands, gravée (de 1777 à 1792), sous la direction de M. Lebrun, peintre. *Paris, l'auteur et Poignant ; Amsterdam, Fouquet*, 1792 ; 3 vol. in-

fol., veau, dos orné, dent., tr. dor. (*Rel. anc.*).                               600 fr.

201 planches gravées par les plus habiles artistes de France, de Hollande et d'Allemagne. Splendides épreuves. Bel exemplaire.

**3518. Galerie** du palais du Luxembourg, peinte par Rubens, dessinée par Nattier et gravée par les plus illustres graveurs du temps. *Paris, Duchange*, 1710 ; gr. in-fol., veau marbré.                               170 fr.

Portraits de Marie de Médicis, de François de Médicis, de Jeanne d'Autriche, de P.-P. Rubens et 21 planches en épreuves AVANT LES NUMÉROS.

**3519. Gallais.** Histoire du dix-huit brumaire et de Buonaparte. *Paris, Michaud*, 1814-1817 ; 4 tomes en 2 vol. in-8, demi-rel. bas.      12 fr.

L'ouvrage est précédé d'une « Introduction à l'histoire de Buonaparte » par Nettement. *Paris*, 1814.

**3520. Gallais.** Histoire de la Révolution du 20 mars 1815 ou cinquième et dernière partie de l'histoire du 18 Brumaire et de Buonanaparte. *Paris, Chanson*, 1815 ; in-8, br.                               4 fr.

**3521. Galland** (Auguste). Traité historique et très-curieux des anciennes Enseignes et Etendards de France. *Paris, Lamy*, 1782 ; in-12, veau.                               8 fr.

On a relié avec cet ouvrage : De l'Origine des Etrennes, par Jacob Spon. *Paris*, 1781 — et Essai historique et légal sur la chasse (par Henri Marchand). *Paris*, 1769.

**3522. Gaultier-Garguille.** Chansons. Nouvelle édition suivant la copie imprimée à Paris en 1631. *Londres (Paris)*, 1658 (1758) ; in-12, front., veau racine, dos orné, dent., tr. dor.                               12 fr.

Bonne édition.
On a relié à la suite : Le Nain. *Magheroel*, 1762, et les Songes du printems par Turben. (*Paris*, 1760), front. d'*Eisen*.
Aux armes de lord STUART DE ROTHSAY.

**3523. Gautier** (Théophile). Militona. *Paris, Conquet*, 1887 ; pet. in-8, br.                               70 fr.

PAPIER VÉLIN DU MARAIS. Portrait et dix compositions d'*Adrien Moreau*, gravés par *A. Lamotte*.
Exemplaire de toute fraîcheur, avec sa couverture intacte.

**3524. Gautier** (Théophile). La Peau de Tigre. *Paris, Souverain*, 1852 ;

**Et de Livres anciens et modernes**

3 vol. in-8, cart. toile, éb. (*Pierson*).    15 fr.

ÉDITION ORIGINALE.

**3525. Gautier** (Théophile). Un Trio de romans. *Paris, Victor Lecou,* 1852 ; in-12, br., couv.    4 fr.

ÉDITION ORIGINALE de Militona, de Jean et Jeannette et de Arria Marcella.— Mouillures.

**3526. Genlis** (Comtesse de). Mémoires inédits sur le XVIIIᵉ siècle et la Révolution française depuis 1756 jusqu'à nos jours. *Paris, Ladvocat,* 1825 ; 10 vol. in-8, br. 35 fr.

**3527. Gérard** (Jules). La Chasse au lion. *Paris, libr. nouvelle,* 1856 ; in-12, br.    5 fr.

Illustrations de *Gustave Doré.*

**3528. Gessner.** Œuvres de Gessner. *Paris, Dufart, s. d. ;* 2 vol. in-8, port. et fig., mar. rouge, dos orné, dent., tr. dor. (*Rel. anc.*) 100 fr.

Bel exemplaire contenant les 2 titres-frontispices de *Marillier,* le portrait par *Delvaux* et les 25 figures de *Monnet* AVANT LA LETTRE.

**3529. Girard.** Traité des armes, dédié au roy, par le Sʳ P.-J.-F. Girard, ancien officier de Marine : enseignant la manière de combattre de l'épée de pointe seule, toutes les gardes étrangères, l'Espadon, les Piques, Hallebardes, Bayonnettes au bout du fusil, fléaux brisés et bâtons à deux bouts : Ensemble à faire de bonne grâce les saluts de l'Esponton, l'exercice du fusil et celui de la grenadiere, tels qu'ils se pratiquent aujourd'huy dans l'art militaire de France. Orné de figures en taille-douce. *A La Haye, chez Pierre de Hondt,* 1740 ; in-4 obl., bas.    120 fr.

Livre rare orné d'un frontispice avec portrait de l'auteur dessiné et gravé par *Jacq. de Favannes* et 116 belles planches gravées en taille-douce.

**3530. Gisquet.** Mémoires de M. Gisquet, ancien préfet de police, écrits par lui-même. *Paris, Marchand,* 1840 ; 4 vol. in-8, demi-rel. chagr. rouge, têtes dor., *non rognés.*    25 fr.

**3531. Glatigny.** Le Jour de l'an d'un vagabond. *Paris, Alph. Lemerre,* 1870 ; pet. in-12, br. 2 fr.

Eau-forte de *A. Gill.*

**3532. Gœthe.** Les Souffrances du jeune Werther. *Paris, Crapelet,* 1845 ; in-8, br.    15 fr.

Jolie édition sur PAPIER VERGÉ, ornée de 4 figures de *Tony Johannot.*

**3533. Goldsmith.** Le Vicaire de Wakefield. Traduction nouvelle par Charles Nodier. *Paris, Hetzel,* 1844; gr. in-8, demi-rel. chagrin vert, tête dor., *non rogné.* 15 fr.

Exemplaire entièrement *non rogné,* illustré de dix figures de *Tony Johannot,* gravées par *Revel.* Sur le titre, une vignette de *Meissonier,* gravée par *Brévière.* Couverture conservée.

**3534. Goldsmith.** Le Vicaire de Wakefield, de Goldsmith, traduction, préface et notes par Charles Nodier. Nouvelle édition. Eaux-fortes de Lalauze. *Paris, Libr. des Bibliophiles,* 1888 ; in-8, port. et fig., demi-rel. dos et coins de mar. bleu, tête dor., *non rogné (Pougetoux)* 40 fr.

Un des 20 exemplaires sur PAPIER DE CHINE avec les figures de *Lalauze* en double état AVANT et avec la lettre.

**3535. Goncourt** (Edmond de). Chérie. *Paris, Charpentier,* 1884 ; in-12, demi-rel. dos et coins de mar. brun, dos orné, tête dor., *non rogné.*    20 fr.

ÉDITION ORIGINALE. — L'un des 100 exemplaires sur PAPIER DE HOLLANDE. Couverture conservée.

**3536. Goncourt** (Ed. de). Madame Saint-Huberty, d'après sa correspondance et ses papiers de famille. *Paris, Charpentier,* 1885 ; in-12, demi-rel. dos et coins de mar. brun, dos orné, tête dor., *non rogné (Pouillet).*    20 fr.

ÉDITION ORIGINALE.—L'un des 50 exemplaires tirés sur PAPIER DE HOLLANDE. — Couverture conservée.

**3537. Goncourt** (Ed. et J. de). Histoire de Marie-Antoinette. *Paris, Charpentier,* 1878 ; in-4, demi-rel. chagrin vert, plats toile, tr. dor.    20 fr.

Édition ornée d'encadrements à chaque page *Giacomelli,* et de 12 planches hors texte d'après les originaux du XVIIIᵉ siècle. Très joli portrait de Marie-Antoinette en couleur, d'après *Krausinger.*

**3538. Gonse** (Louis). L'Art ancien et l'Art moderne à l'exposition de 1878. *Paris, Quantin,* 1879 ; 2 vol. in-4, br.    20 fr.

Figures dans le texte et hors texte. Eaux-fortes.

**Achat de Bibliothèques**

3539. **Gonse** (Louis). La Sculpture française depuis le XIVᵉ siècle. *Paris, May et Motteroz*, 1895 ; pet. in-fol., cart. toile, tête dor., *non rogné.* 70 fr.

Belles et nombreuses planches en héliogravure et figures dans le texte, reproduisant les chefs-d'œuvre de la sculpture française du XIVᵉ au XIXᵉ siècles.

3540. **Goubert**. Description et usage des barometres, thermometres et autres instrumens météorologiques. Seconde édition. *Dijon et Paris*, 1785 ; in-8, veau. 4 fr.

3541. **Gouffé** (Jules). Le Livre de Cuisine, comprenant la cuisine de ménage et la grande cuisine. *Paris, Hachette*, 1867 ; gr. in-8, br. 18 fr.

25 planches en chromolithographie et 161 vignettes sur bois par *Ronjat.*

3542. **Gourgaud** (Général). Campagne de dix-huit cent quinze, ou relation des opérations militaires qui ont eu lieu en France et en Belgique pendant les Cent jours. *Paris, Plancher*, 1818 ; in-12, br. 6 fr.

3543. **Gouriet** (J.-B.). Personnages célèbres dans les rues de Paris, depuis une haute antiquité jusqu'à nos jours. *Paris, Lerouge*, 1811 ; 2 vol. in-8, demi-rel. bas., *non rognés.* 15 fr.

Ouvrage renfermant de curieux détails sur un grand nombre de types populaires.

3544. **Gourmont** (Remy de). Lith. *Paris, impr. Girard*, 1892 ; in-12, br. 10 fr.

ÉDITION ORIGINALE.

3545. **Grains et Farines** (Recueil de pièces sur les). En un vol. in-8, bas., dos orné. 5 fr.

L'art de conserver les grains par Barth. Inthiery. *Paris*, 1770, *pl.* — Mémoire sur la farine par l'abbé Poncelet. *Paris*, 1776. — Précis analytique du traité général des grains par Béguillet. *Paris*, 1779. — Traité pratique de la conservation des grains, des farines, par César Bucquet. *Paris*, 1783, fig. — Observations sur la boulangerie par Parmentier et Cadet. *Paris*, 1783. — Expériences et observations sur le poids du pain au sortir du four, par Tillet. *Paris*, 1781. — Etc.

3546. **Grandville** (J.-J.). Les Etoiles. Dernière féerie par J.-J. Grandville, texte par Méry. Astronomie des Dames, par le comte Fœlix. *Paris, G. de Gonet, s. d.* (1849) ; 2 tomes en un vol. in-8, demi-rel. chagrin bleu. 30 fr.

Très joli volume illustré d'un frontispice sur bois et de 14 belles planches gravées sur acier par *Geoffroy* et coloriées avec une extrême finesse. PREMIER TIRAGE.

3547. **Grandville**. Les Métamorphoses du jour, par Grandville. Accompagnées d'un texte par MM. Albéric Second, Louis Lurine, Cl. Caraguel, Taxile Delord, H. de Beaulieu, Louis Huart, Ch. Monselet, Julien Lemer. Précédées d'une notice sur Grandville par M. Charles Blanc. *Paris, Ch. Havard*, 1854 ; in-8, demi-rel. veau rose, dos orné. 30 fr.

70 figures coloriées gravées sur bois.

3548. **Grasset de Saint-Sauveur**. Amtskleidungen der stellvertreter des franzosischen Volks… (Costumes des représentants du peuple français, membres des deux conseils, du directoire exécutif, des ministres, des tribunaux, des messagers d'Etat, etc.). *Paris, Deroy. s. d.* (1796) ; pet. in-8, br. 30 fr.

Frontispice et 15 figures de costumes, gravés en taille-douce et finement coloriés.

3549. **Guérin de la Grasserie**. Armorial de Bretagne contenant les noms et prénoms des familles bretonnes qui ont obtenu des arrêts de la Chambre de reformation établie à Rennes de 1668 à 1671, la date des anciennes réformations et l'origine connue de ces familles ; des familles maintenues jusqu'en 1789, des familles anoblies sous l'Empire et la Restauration jusqu'en 1830. Par P.-A. Guérin de la Grasserie. *Rennes, Deniel*, 1845-1848 ; 2 vol. in-4 en 68 livraisons. 80 fr.

Bel armorial illustré de 132 planches donnant la reproduction en chromolithographie de plus de 2,000 blasons de familles bretonnes.
Exemplaire dans ses couvertures de publication.

3550. **Guicciardin** (Louis). Les Heures de recreation et apres-disnées de Louys Guicciardin, citoyen et gentilhomme florentin. Traduit d'italien en françois par François de Belle-Forest comingeois. *Rouen, impr. de Martin le Mesgissier, s. d.;* in-16, mar. rouge, dos orné, fil., tr. dor. (*Rel. anc.*). 60 fr.

Jolie petite édition de ce recueil de facé-

**Et de livres anciens et modernes**

ties imprimé à Rouen à la fin du XVI<sup>e</sup> siècle.

**3551. Guiffrey** (Georges). Procès criminel de Jehan de Poitiers, seigneur de Saint-Vallier. *Paris, Lemerre,* 1867 ; in-8, demi-rel. mar. brun, tête dor., éb.    15 fr.

Envoi d'auteur.

**3552. Guilloche.** La Prophécie du roy Charles VIII par maître Guilloche, Bourdelois, publié pour la première fois d'après le ms. unique de la Bibliothèque impériale par le marquis de la Grange. *Paris, Académie des Bibliophiles,* 1869 ; in-12, br.    5 fr.

PAPIER VERGÉ.

**3553. Guizot.** Histoire de France, depuis les temps les plus reculés jusqu'en 1789, racontée à mes petits-enfants. *Paris, Hachette,* 1877-1879 ; 7 vol. gr. in-8, demi-rel. chagrin rouge, plats toile, tr. dor. (*Rel. de l'Éditeur*).    110 fr.

Nombreuses illustrations.
Les 2 derniers volumes comprennent l'Histoire de France de 1789 à 1848.

**3554. Guzla** (La), ou choix de poésies illyriques recueillies dans la Dalmatie, la Bosnie, la Croatie et l'Herzégovine ( par P. Mérimée). *Paris, Levrault,* 1827 ; in-12, portr., cart., non rogné.    10 fr.

**3555. Haraucourt** ( Ed. ). Seul. *Paris, Charpentier,* 1891 ; in-18, portr., br.    15 fr.

L'un des 20 exemplaires sur PAPIER DE HOLLANDE. Portrait de l'auteur par *Axilette*, gravé à l'eau-forte par *Desmoulin.*

**3556. Hatin** (Eugène). Bibliographie historique et critique de la Presse périodique française. *Paris, Firmin Didot,* 1866 ; in-8, portr., br.    4 fr.

Catalogue systématique et raisonné de tous les écrits périodiques de quelque valeur publiés ou ayant circulé en France depuis l'origine du journal jusqu'à nos jours.

**3557. Hayem** (Armand). Le Don Juanisme. *Paris, Alph. Lemerre,* 1886 ; pet. in-12, br.    2 fr. 50

**3558. Hénault** (le Président). Nouvel Abrégé chronologique de l'histoire de France, contenant les événements de notre histoire, depuis Clovis jusqu'à Louis XIV, les guerres, les batailles, les sièges,

etc. *Paris, Prault,* 1756 ; 2 vol. in-12, mar. rouge, dos orné, fil., tr. dor. (*Rel. anc.*).    75 fr.

Armes du marquis de VILLETTE, frappées sur le dos des volumes.

**3559. Hénault** (le président). Pièces de théâtre en vers et en prose. (*Paris*), 1770 ; in-8, veau granit, dos orné à la grotesque, dent., tr. dor.    25 fr.

Sous ce titre collectif se trouvent réunies : Cornélie, tragédie ; François II ; la Petite Maison, comédie ; le Jaloux de lui-même, comédie ; le Réveil d'Epiménide, comédie, et le Temple des Chimères, divertissement lyrique.
Charmants en-têtes d'*Eisen*, de *Cochin* et de *Sève*, gravées par *de Longueil, Legrand* et *Duflos.*

**3560. Heures** dédiées à Mgr le duc de Bourgogne. *Paris, Grangé,* 1748 ; in-24, mar. rouge, dos orné, dent., tr. dor. (*Rel. anc.*).    40 fr.

Joli petit volume.

**3561. Histoire** de l'expédition de Russie, par M*** (le marquis G. de Chambray). *Paris, Pillet,* 1823 ; 2 vol. in-8 et atlas cart., *non rognés.*    10 fr.

**3562. Histoire** de la Comtesse de Savoye (par Mme de Givry, comtesse de Fontaines). *S. l.* (*Paris*), 1726. — Celenie, histoire allégorique par Mme L*** (Lévêque, née Louise Cavelier). *Paris, Prault,* 1732. Ens. 2 tomes en un vol. in-12, mar. rouge, dos orné, dent., tr. dor. (*Rel. anc.*).    25 fr.

ÉDITIONS ORIGINALES. Exemplaire portant l'ex-libris de PIXERÉCOURT.

**3563. Histoire** des Amours de Cleante et Belise (par Anne Ferrand), avec le recueil de ses lettres (publiées par le baron de Breteuil). *S. l.,* 1696 ; in-12, demi-rel. dos et coins de mar. vert, tr. dor.    8 fr.

Bel exemplaire.
Anne Ferrand, née de Bellinzani, avait épousé en 1676 le président Michel Ferrand, elle fut la mère d'Antoine Ferrand dont on a un recueil de pièces libres.

**3564. Histoire littéraire** de la France, par les religieux bénédictins de la congrégation de Saint-Maur. Nouvelle édition, conforme à la précédente et revue par M. Paulin Paris. *Paris, Palmé,* 1865-1869 ; 15 vol. — Table générale des Matières, par Camille Rivain. *Paris,*

*Palmé*, 1875. Ens. 16 vol. in-4, cart., *non rognés.* 160 fr.

PAPIER VERGÉ.

**3565. Histoire** nouvelle de Margot des Pelotons, ou la Galanterie naturelle (par Huerne de la Mothe). *Genève*, 1775 ; in-8, veau fauve, dos orné, fil. (*Rel. anc.*). 25 fr.

Ouvrage que le bibliophile Jacob estimait devoir prendre rang, avec Manon Lescaut, à la tête des romans français.

**3566. Histoire** sacrée du Nouveau Testament, contenant la vie de Jésus-Christ ; ornée de 72 figures gravées d'après les plus grands maîtres, Raphaël, Rubens, Poussin, etc. Par M. A. J. D. B. (Alex.-Jos. de Bassinet). *Paris, Blanchon*, 1802 ; gr. in-8, cart., *non rogné.* 20 fr.

Jolies figures en taille-douce gravées par *Voysard*.

**3567. Histoire** secrette de la reine Zarah, ou la duchesse de Malborough démasquée. Traduite de l'anglois (du docteur H. Sacheverell). *Oxford (Hollande), Alexandre le Vertueux*, 1711 ; in-12, veau. 8 fr.

**3568. Hoefer.** Nouvelle biographie universelle depuis les temps les plus reculés jusqu'à nos jours. *Paris, Firmin Didot*, 1852-1866 ; 46 vol. in-8, br. 65 fr.

La meilleure et la plus complète des biographies publiées jusqu'à ce jour.

**3569. Homère.** L'Iliade, traduction nouvelle (par C.-F. Le Brun). *Paris, Ruault*, 1776 ; 3 vol. gr. in-8, veau, dos orné, dent., tr. dor. (*Rel. anc.*). 20 fr.

Édition avec le texte grec en regard de la traduction.
Bel exemplaire orné de 3 figures de *Cochin*, gravées par *Romanet, de Launay* et *Gaucher*.

**3570. Houdoy** (J.). Histoire de la Céramique lilloise, précédée de documents inédits constatant la fabrication de carreaux peints et émaillés en Flandre et en Artois au XIVᵉ siècle. Edition nouvelle avec planches. *Paris, Aug. Aubry*, 1869 ; in-8, br. 8 fr.

**3571. Houel** (Jean). Voyage pittoresque des isles de Sicile, de Malte et de Lipari, où l'on traite des antiquités qui s'y trouvent encore ; des principaux phénomènes que la nature y offre ; du costume des habitants et de quelques usagse. *Paris, impr. de Monsieur*, 1782-1789 ; 4 vol. gr. in-fol., demi-rel. dos et coins de veau fauve, *non rognés.* 150 fr.

264 planches composées et gravées à la manière du lavis et tirées en bistre par *Jean Houel*, auteur de l'ouvrage.

**3572. Hozier** (d'). Lettres inédites de L. P. d'Hozier et de J. du Castre d'Auvigny sur l'armorial et l'hôtel royal du dépost de la Noblesse, publiées par Jules Silhol. *Paris, Acad. des Bibliophiles*, 1869 ; in-12, br. 5 fr.

PAPIER VERGÉ.

**3573. Huet** (Daniel). Traitté de la situation du Paradis terrestre. *Paris, J. Anisson*, 1691 ; in-12, front., veau gris, dos orné, fil. dor. et dent. à froid. 15 fr.

Ouvrage singulier. L'auteur place le Paradis près du golfe persique, sur les bords de l'Euphrate.
Bel exemplaire avec une carte de la contrée, gravée en taille-douce.

**3574. Hugo** (Victor). L'Année terrible. Illustrations de Léopold Flameng. *Paris, Michel Lévy*, 1873 ; in-8, br. (couv. ill.). 12 fr.

**3575. Hugo** (Victor). Choses vues. *Paris, Hetzel et Quantin*, 1887 ; in-8, cart., *non rogné.* 4 fr.

**3576. Hugo** (Victor). Hernani ou l'honneur castillan, drame, par Victor Hugo, représenté sur le Théâtre français le 25 février 1830. *Paris, Mame et Delaunay-Vallée*, 1830 ; in-8, demi-rel. dos et coins de mar. rouge, tête dor., *non rogné.* 35 fr.

ÉDITION ORIGINALE en 8 et 154 pages.
— Léger raccommodage à un feuillet.

**3577. Hugo** (Adèle Foucher, Mᵐᵉ Victor). Victor Hugo raconté par un témoin de sa vie. *Paris, libr. internationale*, 1864 ; 2 vol. in-8, demi-rel. dos et coins de mar. rouge, dos orné, tête dor., *non rognés* (*Pouget*). 12 fr.

**3578. Hume** (David). Histoire d'Angleterre. *Amsterdam (Paris)*, 1760-1765 ; 7 vol. in-4, veau fauve, fil., tr. dor. (*Rel. anc.*). 40 fr.

Maison de Plantagenet, 2 vol., et Maison de Tudor, 2 vol. Traduction de Mme Belot.

## Et de Livres anciens et modernes

— Maison de Stuart (traduction de l'abbé Prévost), 3 vol.

Bel exemplaire en GRAND PAPIER.

**3579. Iconographie** des Contemporains depuis 1789 jusqu'à 1829. *Paris, Delpech*, 1833 ; 2 vol. in-4, demi-rel. mar. rouge, éb.     50 fr.

202 portraits lithographiés de personnages célèbres de la Révolution, de l'Empire et de la Restauration.

**3580. Imbert.** Les Bienfaits du Sommeil, ou les quatre rêves accomplis. Poème en quatre chants orné de gravures par Moreau le jeune. *Paris, Lemonnyer*, 1883 ; pet. in-8, br.     3 fr.

**3581. Imbert.** Historiettes ou nouvelles en vers. Seconde édition revue, corrigée et augmentée par l'auteur. *Amsterdam et Paris, Delalain*, 1774 ; in-8, mar. rouge jans., tête dor.     75 fr.

Titre gravé, une figure et 4 vignettes en-têtes par *Moreau le jeune*, gravés par *Née* et *Masquelier.*

**3582. Imprimerie** (Recueil de pièces sur l'). En un vol. in-8, demi-rel. veau fauve.     6 fr.

Essai sur la Typographie, par Ambr. Firmin-Didot. *Paris*, 1852. — L'imprimerie, la librairie et la papeterie à l'exposition universelle de 1851. Rapport par Ambr. Firmin-Didot. *Paris*, 1854. — Exposition de 1855. Quelques détails sur les produits de l'Imprimerie impériale de France, par M. d'Escodeca de Boisse. *Paris*, 1855. — Die Kaiserliche Wiener Hof-und Staatsdruckerei bei der allgemeinen industrie-und kunstausstellung in Paris, 1855. *Wien*, 1855. — Appareil polygraphique ou les différentes branches artistiques de l'imprimerie imp. royale de Vienne, par Aloyse Auer. *Vienne*, 1855. — Catalogue de livres originaux publiés dans le dernier temps en Hollande, exposés à Paris en 1855.

**3583. Infantulus** ou l'enfant mort (par Benjamin Barbé). *Paris, Panthéon de la librairie*, 1859 ; in-12, br., couv.     4 fr.

ÉDITION ORIGINALE. Rare.

**3584. Ingram** (James). Mémorials of Oxford. With engravings by John le Keux, from original drawings by F. Mackensie. *Oxford, Parker*, 1834-1835 ; 2 vol. in-8, cart. toile, *non rognés.*     20 fr.

Jolies figures gravées sur acier et vignettes sur bois.

**3585. Isographie** des Hommes célèbres, ou collection de fac-simile de lettres autographes et de signatures, exécutée et imprimée par Th. Delarue, lithographe, sous les auspices de MM. Bérard, de Chateaugiron, Duchesne, Tremisot et Berthier. *Paris, Delarue*, 1843 ; 4 vol. in-4, demi-rel. mar. viol.     80 fr.

Cet important recueil renferme environ 850 fac-similés d'autographes avec préface des éditeurs, et une table alphabétique en 38 pp. indiquant les prix atteints dans les ventes publiques depuis 1820 jusqu'à l'époque de la publication de pièces de personnages figurant dans l'Isographie.

**3586. Jung** (Th.) Lucien Bonaparte et ses mémoires, 1775-1840. D'après les papiers déposés aux archives étrangères et autres documents inédits. *Paris, Charpentier*, 1882-1883 ; 3 vol. in-8, br.     12 fr.

**3587. Janin** (Jules). La Bretagne. *Paris, E. Bourdin, s. d.* (1844) ; gr. in-8, demi-rel. chagrin rouge, plats toile, tr. dor.     10 fr.

Illustrations par *Bellangé, Gigoux, Gudin, Isabey, Morel-Fatio, Daubigny,* etc.

**3588. Janin** (Jules). F. Ponsard. 1814-1867. Portrait à l'eau-forte par Flameng. *Paris, libr. des bibliophites*, 1872 ; in-12, br. 2 fr.

PAPIER VERGÉ.

**3589. Jardin des Plantes** (le). Description complète, historique et pittoresque du Museum d'histoire naturelle, de la Ménagerie, des serres, des galeries de minéralogie et d'anatomie, et de la vallée suisse. Par MM. P. Bernard, L. Couailhac, Gervais et Emm. Lemaout. *Paris, Curmer*, 1842 ; 2 vol. gr. in-8, demi-rel. chagrin bleu, tr. dor.     30 fr.

Nombreuses illustrations dans le texte et hors texte, dont plusieurs sont coloriées.

**3590. Joinville** (Jean, sire de). L'Histoire de saint Louis, le Credo et la lettre à Louis X, avec un texte rapproché du français moderne mis en regard du texte original, corrigé et complété à l'aide des anciens manuscrits et d'un manuscrit inédit par Natalis de Wailly. *Paris, Adr. Le Clerc*, 1867 ; in-8, *broché.*     10 fr.

Frontispice en chromolithographie.

**3591. Karamsin.** Histoire de l'Empire de Russie ; traduite par MM. S.-Thomas, Jauffret et Divoff. *Pa-*

ris, *impr. A. Belin*, 1819-1826 ;
11 vol. in-8, demi-rel.          30 fr.

La meilleure histoire de Russie. Elle s'arrête à l'année 1606.

3592. **Labarte** (Jules). Histoire des Arts industriels au moyen âge et à l'époque de la Renaissance. *Paris, A. Morel*, 1864-1866 ; 4 vol. in-8 de texte et 2 vol. in-4 de planches, demi-rel. dos et coins de mar. rouge, tête dor., *non rog.*   300 fr.

Très bel exemplaire de la PREMIÈRE ÉDITION de cet excellent ouvrage, orné de 150 planches en noir et en chromolithographie.

3593. **Labé** (Luize), lionnoize. Euvres. *Lion, Durand et Perrin*, 1824; gr. in-8, portr., chagr. bleu, dos orné, fil., tête dor., *non rogné*.          40 fr.

Édition exécutée par les soins de Berghot du Lut. Exemplaire tiré sur GRAND PAPIER VELIN.

3594. **La Bédollière** et **Rousset**. Le Bois de Vincennes. *Paris, Lacroix*, 1866 ; in-4, cart. toile, tr. dor. (*Rel. de l'éditeur*).          6 fr.

Rare ouvrage, orné de 25 belles photographies sur *Chine* donnant l'aspect du bois lors de sa transformation.

3595. **La Bruyère**. Les Caractères de Théophraste traduits du grec, avec les caractères ou les mœurs de ce siècle. Neuvième édition, revue et corrigée. *Paris, Estienne Michallet*, 1716 (*sic pour* 1696) ; in-12, mar. rouge, dos orné, fil., tr. dor. (*Badé*).          75 fr.

Très bel exemplaire de l'ÉDITION DÉFINITIVE donnée par l'auteur.

3596. **La Bruyère**. Les Caractères, suivis des caractères de Théophraste, traduits du grec par le même. *Paris, Castel de Courval et Ponthieu*, 1826; 2 vol. in-8, veau brun, dos orné, dent. à froid.          7 fr.

3597. **La Chau** et **Le Blond**. Description des principales pierres gravées du cabinet de S. A. S. Mgr. le duc d'Orléans. *Paris*, 1780-1784 ; 2 vol. pet. in-fol., veau marbré, dos orné, fil., tr. dor. (*Rel. anc.*)          80 fr.

Frontispice, en-têtes, culs-de-lampe gravés par *Aug. de Saint-Aubin* et nombreuses planches reproduisant les plus beaux types de pierres gravées de la célèbre collection du duc d'Orléans.
Bel exemplaire aux armes de CAUMARTIN SAINT-ANGE.

3598. **Lacour** (Louis). La Carte à payer d'une dragonnade normande en 1685 ; récit avec pièces justificatives. *Paris, Poulet-Malassis et de Broise*, 1857 ; in-12 de 32 pp., br.          1 fr. 50

PAPIER VERGÉ.

3599. **Lacour** (Louis). L'Œuvre de M. le comte de Chevigné. La Muse champenoise au XIXᵉ siècle. Notes critiques, sincères et inédites. *Paris, impr. Jouaust*, 1865 ; in-16, br.          3 fr.

Tiré à 100 exemplaires sur PAPIER VERGÉ.

3600. **Lacretelle** (Ch.). Histoire de France pendant les guerres de religion, par Charles Lacretelle. *Paris, Delaunay,* 1822 ; 4 vol. in-8, demi-rel. veau fauve.          12 fr.

3601. **Lacroix** (Paul). Les Arts au Moyen-Age et à l'époque de la Renaissance. *Paris, Firmin-Didot*, 1893 ; in-4, demi-rel. mar. rouge, plats toile, fers spéciaux, tr. dor. 20 fr.

Ouvrage illustré de 19 planches chromolithographiques exécutées par *F. Kellerhoven*, et de 400 gravures sur bois.

3602. **Lacroix** (Paul). Bibliographie et iconographie de tous les ouvrages de Restif de la Bretonne, par P.-L. Jacob, bibliophile. *Paris, Aug. Fontaine*, 1875 ; in-8, portr., demi-rel. mar. vert, tête dor., *non rogné* (*Lanscelin*).          10 fr.

3603. **Lacroix** (Paul). Curiosités de l'histoire des Croyances populaires au Moyen-âge. *Paris, Ad. Delahays.* 1859 ; in-12, br.          4 fr.

3604. **Lacroix** (Paul). Curiosités des Sciences occultes par P.-L. Jacob, bibliophile. *Paris, Ad. Delahays,* 1862 ; in-12, br.          4 fr.

PAPIER VERGÉ.

3605. **Lafarge** (Mᵐᵉ). Heures de prison, par Mᵐᵉ Lafarge, née Marie Capelle. *Paris, libr. nouvelle ;* in-12, br.          3 fr.

Ouvrage publié par M. Collard, grand-oncle de Mᵐᵉ Lafarge.

3606. **La Fayette** (Mᵐᵉ de). Histoire de Madame Henriette d'Angleterre, première femme de Philippe d'Orléans. *Amsterdam, le Cène*, 1720 ; in-12, demi-rel. dos

**Et de Livres anciens et modernes**

et coins de mar. brun, tr. dor. (*Pougetoux*).     8 fr.

ÉDITION ORIGINALE.

Cette édition a été certainement exécutée en France.

**3607. La Ferrière-Percy.** Le Journal de la comtesse de Sanzay. Intérieur d'un château normand au XVIᵉ siècle. *Paris, Aug. Aubry,* 1859 ; pet. in-8, dos et coins de mar. rouge, dos orné, tête dor., *non rogné.*     6 fr.

Tirage à petit nombre sur PAPIER VERGÉ.

**3608. La Fontaine.** Les Amours de Psyché et de Cupidon, avec le poème d'Adonis. *Paris, Saugrain et Didot,* 1797 ; 2 vol. in-12, demi-rel. dos et coins de mar. rouge, dos orné, tête dor., *non rogné* (*Allô*).     65 fr.

Édition ornée de figures par *Moreau le jeune,* et gravées sous sa direction par *Dambrun, Duhamel, Dupréel, de Ghendt, Halbou, Petit et Simonet.*

**3609. La Fontaine.** Contes et nouvelles en vers, par Jean de la Fontaine, ornés d'estampes d'Honoré Fragonard, Monnet, Touzé et Milius. Edition revue et précédée d'une notice par Anatole de Montaiglon. *Paris, Rouquette,* 1883 ; 2 vol. in-8, demi-rel. dos et coins de mar. brun, tête dor., *non rognés.*     45 fr.

Exemplaire sur papier vélin.

**3610. La Fontaine.** Fables. Illustrations de Grandville reportées sur bois par A. Desperet, gravées par Brend'amour. *Tours, Alfr. Mame,* 1864 ; in-12, br., couv. 10 fr.

Frontispice et 240 gravures sur bois.

**3611. La Fontaine.** Œuvres complètes de La Fontaine, précédées d'une nouvelle notice sur sa vie. *Paris, Lefèvre (impr. de P. Didot),* 1818 ; 6 vol. in-8, demi-rel. mar. brun, tête dor., *non rognés.* 50 fr.

Portrait d'après *Rigaud,* et figures de *Moreau le jeune,* gravées par *de Ghendt, Delignon, Trière, Villerey, Pigeot,* etc.

**3612. La Fontaine.** Œuvres de La Fontaine. Nouvelle édition, revue et mise en ordre, et accompagnée de notes par C.-A. Walckenaer. *Paris, Lefèvre,* 1827 ; 6 vol. in-8, portr., demi-rel. veau fauve (*Cassassus*).     50 fr.

De la *Collection des Classiques français.* Le tome 1ᵉʳ est plus court de marges.

**3613. La Gournerie.** Les Débris de Quiberon. Souvenirs du désastre de 1795, suivis de la liste des victimes rectifiée d'après les documents de la collection Hersart du Buron. *Nantes,* 1875 ; in-8, br. 4 fr.

**3614. La Grange** (Charles Varlet de). Archives de la Comédie-française. Registre de La Grange (1658-1685), précédé d'une notice biographique. Publié par les soins de la Comédie-française. Janvier 1876. *Paris, Claye* (1876) ; pet. in-fol., *broché.*     30 fr.

Ouvrage des plus importants pour l'histoire de Molière et de sa troupe.

**3615. La Harpe.** Tangu et Félime, poëme en IV chants. *Paris, Pissot,* 1780 ; in-8, demi-rel. dos et coins de mar. rouge, tête dor., éb. (*Petit-Simier*).     35 fr.

Titre gravé et 4 figures de *Marillier,* gravés par *Halbou, Dambrun, de Ghendt et Ponce.*

**3616. La Huguerye.** Mémoires inédits, publiées par le baron A. de Ruble. *Paris, Loones,* 1877-1880 ; 3 vol. in-8, br.     15 fr.

De la Collection de la Société de l'histoire de France.

**3617. Lalanne** (Ludovic). Les Curiosités des mœurs et des légendes. *Paris, Paulin,* 1847 ; in-12, br. 4 fr.

**3618. Lamartine.** La Chute d'un Ange, épisode. *Paris, Gosselin,* 1839 ; 2 vol. pet. in-12, bas. bleu, dos orné, fil., tr. dor.     12 fr.

Jolie petite édition.

**3619. Lamartine.** Œuvres complètes, publiées et inédites. *Paris, chez l'auteur,* 1862 ; 41 vol. in-8, demi-rel. mar. vert, tête dor., *non rognés.*     250 fr.

Bel exemplaire.

**3620. Larchey** (Lorédan). Gens singuliers. *Paris, s. d.* ; in-12, br.     4 fr.

Castellane, Brunoy, Grimod, Chodruc-Duclos, Berbiguier, Bertron, Journet Saint-Criq, etc.

**3621. La Rochefoucauld.** Le premier texte de La Rochefoucauld, publié par F. de Marescot. *Paris, Jouaust,* 1869 ; in-12, br.     5 fr.

PAPIER VERGÉ.

Collection du Cabinet du Bibliophile.

## Achat de Bibliothèques

**3622. La Rochefoucauld**. Œuvres de La Rochefoucauld. Nouvelle édition, revue sur les plus anciennes impressions et les autographes et augmentée de morceaux inédits, de variantes, de notices, par M. D.-L. Gilbert. *Paris, Hachette*, 1868-1883 ; 3 vol. in-8 et 1 album gr. in-8, br., couv. 45 fr.

De la collection des Grands Écrivains de la France.
L'un des 150 exemplaires sur GRAND PAPIER VÉLIN.

**3623. La Roque** (Louis de). Trois pages de l'histoire de Louis-Philippe. *Paris, Dentu*, 1852 ; in-8, br. 2 fr.

**3624. Lauriers** (Les) ecclesiastiques, ou campagnes de l'abbé de T***. (Par Rochette de la Morlière). *A Luxuriopolis, de l'impr. ordinaire du clergé*, 1748; in-12, cart. toile. 10 fr.

ÉDITION ORIGINALE. L'abbé de T... ne serait autre, d'après une note du marquis de Paulmy, que l'abbé Terray, favori de M^me de Pompadour, et plus tard contrôleur général des finances.

**3625. Lavallée** (J.). Voyage dans les départements de la France. *Paris*, 1792-1794 ; 10 fasc. in-8, dereliés. 25 fr.

Partie de cet ouvrage relative à la Normandie et à la Bretagne : (Seine-Inférieure, Calvados, Eure, Manche, Orne : Ille-et-Vilaine, Côtes-du-Nord, Finistère, Morbihan, Loire-Inférieure).
Vues dessinées par *Louis Brion*.

**3626. La Villemarqué** (Hersart de). Myrdhinn ou l'enchanteur Merlin, son histoire, ses œuvres, son influence. *Paris, Didier*, 1862 : in-12, br. 3 fr.

**3627. Leber**. Plaisantes recherches d'un homme grave sur un farceur, ou prologue tabarinique pour servir à l'histoire littéraire et bouffonne de Tabarin, par C. Leber. *Paris, J. Techener*, 1856 ; in-16, br. 4 fr.

PAPIER VERGÉ.

**3628. Le Fault** (Guill.). Petit Traicte contre l'abominable vice de paillardise et adultère qui est aujourd'hui en coustume. *Lille (Leleu)*, 1868 ; in-12, br. 3 fr.

Tiré à 200 exemplaires sur PAPIER VERGÉ.

**3629. Le Jean** (G.). La Bretagne, son histoire et ses historiens. *Nantes et Paris*, 1850; in-8, br. 4 fr.

**3630. Lemaitre** (E.). Le Livre d'Amour. Sainte-Beuve et Victor Hugo. Lettre-préface d'Arsène Houssaye. *Reims, Michaud*, 1895 ; in-8, fac-similé, br., couv. 12 fr.

Tiré à 125 exemplaires.

**3631. Lemaitre** (Jules). L'Age difficile, comédie en trois actes. *Paris, Calmann Lévy*, 1895 ; in-12, br. 3 fr.

ÉDITION ORIGINALE.

**3632. Lemau de la Jaisse**. Carte générale de la Monarchie française contenant l'histoire militaire depuis Clovis, premier roy chrétien jusqu'à la quinzième année accomplie du règne de Louis XV. *S. l.*, 1733; in-fol., veau marbr. 45 fr.

Aux armes de France.

**3633. Lemau de la Jaisse**. Plans des principales places de guerre et villes maritimes frontières du royaume de France. *Paris, Didot*, 1736 ; pet. in-8, veau. 15 fr.

112 plans de places fortes avec leurs armoiries gravées.

**3634. Le Mierre**. La Peinture, poëme en trois chants. *Paris, Le Jay, s. d.* (1769); in-8, cart., *non rogné*. 25 fr.

PREMIER TIRAGE des 3 figures de *Cochin* et du titre de *Saint-Aubin*.

**3635. Le Nail**. Le Château de Blois (extérieur et intérieur). *Paris, Ducher*, 1875 ; in-fol., dans un carton. 70 fr.

60 planches.

**3636. Lenglet du Fresnoy**. L'Histoire justifiée contre les Romans. *Amsterdam, aux dépens de la Compagnie*, 1735 ; in-12, veau fauve, dos orné, tr. rouge (*Rel. anc.*). 8 fr..

**3637. Lenglet du Fresnoy**. Traité historique et dogmatique du secret inviolable de la Confession. *Imprimé à Lille, Paris, Jean Musier*, 1708 ; pet. in-8, veau brun (*Rel. anc.*). 15 fr.

Ouvrage rare avec l'*Addition au traité du secret inviolable de la Confession. Paris*, 1708.

**3638. Lenoir**. Statistique monumentale de Paris. *Paris, Impr. impériale*, 1867 ; 2 vol. gr. in-fol., demi-rel. mar. chagrin vert, *non rognés*.  150 fr.

 270 planches noires et coloriées.

**3639. Le Roux de Lincy**. Recherches sur Jean Grolier. *Paris, Potier*, 1866 ; gr. in-8, et atlas, *brochés*.  12 fr.

 Ouvrage le plus complet qui ait été publié sur le célèbre bibliophile lyonnais. Planches en couleur.

**3640. Le Roux de Lincy**. Vie de la reine Anne de Bretagne, femme des rois de France Charles VIII et Louis XII, suivie de lettres inédites et de documents originaux, par Le Roux de Lincy. *Paris, Curmer (impr. Perrin de Lyon)*, 1860-1861 ; 4 vol. in-8, phot., demi-rel. chagr. rouge.  30 fr.

 Nombreuses photographies représentant les documents authentiques connus, peints, sculptés ou gravés, ayant rapport à cette célèbre reine de France.

**3641. Le Roy**. Les Ruines des plus beaux monumens de la Grèce. *Paris, Delatour*, 1770 ; 2 tomes en 1 vol. in-fol., veau marbr., dos orné, tr. dor.  75 fr.

 61 planches dessinées par *Le Roy*, gravées par *Le Bas*.

**3642. Le Sage**. Le Bachelier de Salamanque ou les mémoires de D. Cherubin de la Ronda, tirés d'un manuscrit espagnol, par M. Le Sage. *Paris, Valleyre fils et Gissey, et La Haye (Paris), P. Gosse*, 1736-1738 ; 2 vol. in-12, fig., mar. vert, dos orné, fil., tr. dor. (*Chambolle-Duru*).  130 fr.

 ÉDITION ORIGINALE. Bel exemplaire.

**3643. Le Sage**. Histoire de Gil Blas de Santillanc, par M. Le Sage. Dernière édition revue et corrigée. *Paris, par les libraires associés*, 1747 ; 4 vol. in-12, fig., bas. 150 fr.

 Bonne édition imprimée sous cette date; la dernière publiée par l'auteur. Elle est ornée de 32 figures, non signées, gravées sur cuivre.

**3644. Le Sage**. HISTOIRE DE GIL BLAS DE SANTILLANE, par M. Le Sage. Dernière édition revue et corrigée. *Paris, par les libraires associés*, 1747 ; 4 vol. in-12, fig., mar. rouge, dos orné, fil., tr. dor. (*Trautz-Bauzonnet*).  400 fr.

 Bonne édition imprimée sous cette date ; la dernière publiée par l'auteur.

 Elle est ornée de 32 figures, non signées, gravées sur cuivre.

 Très bel exemplaire dans une excellente reliure de Trautz.

**3645. Le Sage**. Histoire de Gil Blas de Santillane. Préface par H. Reynald. *Paris, Jouaust*, 1879 ; 4 vol. in-12, mar. rouge jans., tête dor., n. rog. (*Chambolle-Duru*). 170 fr.

 Très bel exemplaire sur PAPIER DE CHINE avec 13 eaux-fortes par *R. de Los Rios*, et la suite, ajoutée, des figures de *H. Pille*, sur *Chine*, AVANT LA LETTRE.

**3646. Lettres** bougrement patriotiques du véritable père Duchêne. *Paris, impr. de Chalon*, 1790-1791 ; 64 n°s en un vol. in-8, bas.  10 fr.

**3647. Lettres** d'un militaire retiré du service. à son ami. ou réflexions sur la philosophie et la religion. *Paris, Le Clere et Bleuet*, 1817 ; veau racine, dos orné.  3 fr.

**3648. Lettres** sur l'origine de la noblesse françoise, et sur la manière dont elle s'est conservée jusqu'à nos jours (par Mignot de Bussy). *Lyon, J. de Ville*, 1763 ; in-12. — L'Origine de la Noblesse françoise depuis l'établissement de la monarchie contre le système des lettres imprimées à Lyon en 1763. Par M. le vicomte d* (Alès de Corbet). *Paris, Desprez*, 1766 ; in-12. Ens. 2 vol. in-12, veau et bas. 12 fr.

**3649. Le Vayer de Boutigny**. Mitridate. *Paris, Touss. Quinet*, 1649-1650 ; 4 vol. pet. in-8, front., veau marbr., dos orné, fil. (*Rel. anc.*).  150 fr.

 Exemplaire aux armes de la Marquise de POMPADOUR.

**3650. Le Verrier de la Conterie**. Venerie normande, ou l'Ecole de la chasse aux chiens courants, pour le lièvre, le chevreuil, le cerf, le daim, le sanglier, le loup, le renard et la loutre. Avec les tons de chasse. *Rouen, Laurent Dumesnil*, 1778 ; in-8, pl., br.  40 fr.

 Deuxième édition plus ample que la précédente.

**3651. Lièvre** (Edouard). Collection Sauvageot, dessinée et gravée à l'eau-forte, accompagnée d'un texte historique et descriptif par A. Sauzay. *Paris*, 1863 ; 2 vol. in-fol.,

demi-rel. dos et coins de mar. vert,
couv., *non rognés*.          150 fr.

120 planches sur *Chine* monté. Très bel
exemplaire avec les couvertures.

**3652. Livre** (le), revue mensuelle.
Bibliographie ancienne. — Bibliographie moderne. *Paris, Quantin,*
1880-1887 ; 16 vol. in-4, cart., *non
rognés*.          150 fr.

Belles et nombreuses illustrations.
Revue rédigée, sous la savante direction
de M. Octave Uzanne, avec beaucoup de
soin et d'érudition par les écrivains les
plus compétents de notre époque dans
la science bibliographique.

**3653. Livre** d'heures satirique et
libertin du XIX^e siècle. In-8,
*broché*.          10 fr.

Ce curieux livre est orné à chaque page
d'encadrements variés fort curieux, de
couleurs différentes.

**3654. Longus.** Les Amours pastorales de Daphnis et de Chloé (traduit du grec de Longus, par
Amyot). *S. l. (Paris, Quillau),*
1745 ; in-4, front. et fig., veau,
fil., tr. dor. (*Rel. anc.*).          75 fr.

Magnifique exemplaire de toute fraîcheur, en GRAND PAPIER, tiré de format
in-4.
Cette édition de 1745 est ornée des
mêmes figures que celles qui parurent
originairement dans l'édition de 1718,
gravées par *Audran,* d'après les célèbres
compositions du Régent *Philippe d'Orléans,* de 4 culs-de-lampe de *Cochin* et
d'une nouvelle figure bien connue sous le
titre de « figure aux petits pieds ».

**3655. Longus.** Les Amours pastorales de Daphnis et de Chloé, traduites du grec de Longus par
Amyot. *Paris, impr. de P. Didot
l'aîné, an VIII,* 1800 ; in-4, cart.,
*non rogné*.          80 fr.

PAPIER VÉLIN. 9 belles figures AVANT
LA LETTRE de *Prudhon* et *Gérard,* gra-
vées par *Godefroy, Marais, Massard* et
*Roger.*
Bel exemplaire.

**3656. Longus.** Daphnis et Chloé,
ou les pastorales de Longus, traduites du grec par J. Amyot. Nouvelle édition revue, corrigée et
complétée. *Paris, Leclère,* 1863 ;
in-8, demi-rel. dos et coins de
mar. citron, dos orné, tête dor. éb.
(*Allô*).          15 fr.

En-têtes et culs-de-lampe. On a ajouté
la suite photographiée et réduite des figures de *Monsiau.*

**3657. Lorris** et **de Meung.** Le
Roman de la Rose. Edition faite
sur celle de Lenglet Dufresnoy,
corrigée avec soins et enrichie de
dissertations par J.-B. Lantin de
Damerey. *Paris, Fournier et F.
Didot, an VII* (1799) ; 5 vol. in-8,
cart., *non rognés*.          50 fr.

Portrait et figures de *Monnet.* — Bel
exemplaire à toutes marges.

**3658. Loryot.** Les Secrets moraux
concernant les passions du cœur
humain, divisez en cinq livres par
François Loryot de Laval. *Paris,
Claude Chappelet,* 1613 ; 2 vol.
in-4, titre gravé, bas.          35 fr.

Curieux ouvrage où il est traité de
l'amour, de la haine, du désir, de la fuite,
de la délectation, de la tristesse, de l'es-
pérance, du désespoir, de l'audace, de la
crainte et de la colère.
Beau frontispice gravé par *Léonard
Gaultier.*

**3659. Louis XVI.** Le Procès de
Louis XVI, ou collection complète
des opinions, discours et mémoires
des membres de la Convention nationale, sur les crimes de Louis XVI.
*Paris, Debarle,* 1795 ; 9 tomes en
8 vol. in-8, demi-rel. bas.          60 fr.

Cet ouvrage, extrêmement intéressant
pour l'histoire de la Révolution française
par les documents originaux qu'il contient, renferme non seulement toutes les
opinions émises par les Députés dans le
procès de Louis XVI, mais encore et sur-
tout les fameux papiers trouvés dans la
célèbre armoire de fer du château des
Tuileries.

**3660. Louvet de Couvray.** Les
Amours du chevalier de Faublas.
Nouvelle édition. *Paris, Tardieu,*
1821 ; 4 vol. in-8, demi - rel.
veau.          30 fr.

8 jolies figures en taille-douce d'après
les dessins de *Collin.*

**3661. Louvet de Couvray.** Les
Aventures du chevalier de Faublas.
Edition illustrée de 300 dessins par
MM. Baron, Français et C. Nanteuil. Précédée d'une notice sur
l'auteur, par V. Philippon de la
Madelaine. *Paris, Mallet,* 1842 ;
in-8, chagr. rouge, dos orné, fers
spéciaux, tr. dor. (*Rel. de l'éditeur*).          75 fr.

Belle édition ornée de 300 figures sur
bois, avec texte encadré d'un double filet.
Exemplaire auquel on a ajouté la suite
des figures de *Colin,* tirée sur Chine.

**3662. Machiavel.** Réflexions sur
la première décade de Tite Live.
Nouvelle traduction, précédée d'un

discours préliminaire par M. D. M.
M. D. R. (de Menck, maître des
requêtes). *Amsterdam et Paris,
Jombert,* 1782; 2 vol. in-8, bas. 5 fr.

3663. **Magnétisme.** Journal du
Magnétisme, rédigé par une société
de Magnétiseurs et de Médecins,
sous la direction de M. du Potet
de Sennevoy. *Paris,* 1850-1860;
11 vol. in-8, fig., demi-rel. bas. 30 fr.

Tomes IX à XIX. — Recueil important
sur la science du magnétisme.

3664. **Magny** (Olivier de). Les
Gayetez. Texte original avec notice
par E. Courbet. *Paris, Alph. Lemerre,* 1871; in-12, br.    4 fr.

PAPIER VERGÉ.

3665. **Malherbe.** Les Lettres de
Mre François de Malherbe. *Imprimé
à Orléans, et se vend à Paris, chez
Claude Barbin,* 1659; in-12, mar.
rouge, dos orné, fil., tr. dor.
(Capé).       35 fr.

A la suite les Poésies du même auteur.

3666. **Malingre** (Claude). Traicté
de la loy salique, armes, blasons
et devises des François. Retirez
des anciennes chartes, panchartes,
chroniques et annales de France.
*Paris, Claude Collet,* 1618; in-8,
mar. rouge, dos orné, dent. int.
(*Mouillé*).       75 fr.

Bel exemplaire de la bibliothèque de
PIXÉRÉCOURT.

3667. **Mantz** (Paul). Les Chefs-
d'Œuvre de la Peinture italienne.
*Paris, Firmin-Didot,* 1870; in-fol.,
cart. toile (*Rel. de l'édit.*).   40 fr.

Ouvrage contenant 20 planches chromolithographiques exécutées par *F. Kellerhoven*, 30 planches sur bois et 40 culs-de-
lampe et lettres ornées.

3668. **Manuscrit** LIVRE D'HEURES
français du XVIe siècle. *S. l. n. d.;*
in-8, mar. brun, dos orné, riches
compart. sur les plats, tr. dor.
(*Rel. anc.*).       2,500 fr.

Remarquable livres d'heures manuscrit
de 186 feuillets réglés, parfaitement calli-
graphié sur peau de vélin, avec fins de
ligne et initiales rubriquées en or et en
couleurs.
Exécuté en France au commencement du
XVIe siècle, il a été enluminé avec autant
d'art que de profusion de DOUZE petites miniatures dans le calendrier, représentant
les signes du Zodiaque, et dans le texte
de CINQUANTE-TROIS grandes compositions, placées dans des encadrements ar-
chitectoniques ; ces dernières ont pour
sujets les principaux épisodes de la vie de
N.-S. Jésus-Christ et de la Vierge Marie,
complétés par une belle et intéressante
série de saints et saintes. Citons : *S. Michel,
S. Jean-Baptiste, S. Pierre et S. Paul,
S. Jacques, S. André, S. Jean l'Evangé-
liste, S. Barthélemy, S. Etienne, S. Laurent, S. Georges, S. Thomas, S. Denis,
S. Christophe, S. Eustache, S. Nicolas,
S. Fiacre, S. Liénard, S. Martin, Ste
Magdelaine, Ste Catherine, Ste Marguerite, Ste Anne, Ste Appoline,* etc., dont
les vives couleurs ont gardé tout leur
éclat. Outre le texte latin ordinaire, de
nombreuses oraisons et la vie de sainte
Marguerite ont été rédigées en français,
ainsi ques les noms des saints et des fêtes
religieuses de l'année du calendrier.
La reliure aux riches compartiments
formés d'arabesques, de filets et de fleurons, peut être attribuée à l'un des Eve.

3669. **Marbot** (Général). Mémoires.
*Paris, Plon et Nourrit,* 1891; 3 vol.
in-8, portr., br.       25 fr.

ÉDITION ORIGINALE.

3670. **Marche** de Cavalli. *S. l. n. d.*
(*Venetia,* 1589); pet. in-12, vélin.
      45 fr.

Titre AVANT LETTRE et 86 planches donnant les marques des chevaux des plus
fameuses écuries italiennes du XVIe siècle.
Bel exemplaire dans sa reliure originale.

3671. **Marguerite de Valois.**
L'Heptameron des nouvelles de
Marguerite d'Angoulême, reine de
Navarre. Nouvelle édition publiée
sur les manuscrits. *Paris, Société
des Bibliophiles françois,* 1853-
1854; 3 vol. in-8, port., demi-rel.
dos et coins de mar. vert, tête dor.,
*non rognés* (*Capé*).       70 fr.

Bonne édition ornée d'un portrait sur
CHINE.

3672. **Marie-Antoinette.** Histoire
de Marie-Antoinette Josèphe-Jeanne
de Lorraine, archiduchesse d'Autriche, reine de France, par l'auteur
de l'éloge de Louis XVI (Montjoie).
*Paris, Perronneau,* 1797 ; in-8,
port., cart.       20 fr.

Portrait de la reine.

3673. **Marie-Antoinette,** Louis XVI
et la famille. Journal anecdotique
tiré des Mémoires secrets pour
servir à l'histoire de la république
des lettres (par Ludovic Lalanne).
Mars 1763-février 1882. *Paris, Fréd.
Henry,* s. d. ; in-12, br.    5 fr.

3674. **Marie-Antoinette.** Vie de
Marie-Antoinette-Josèphe-Jeanne
de Lorraine, archiduchesse d'Autriche, reine de France et de Na-

**Achat de Bibliothèques**

varre (par F. Barbié de Bercenay). *Paris, Capelle,* 1802 ; 3 vol., portr. — Marie-Antoinette à la Conciergerie, fragment historique par le comte Fr. Robiano. *Paris, Baudouin,* 1824 ; 1 vol., front. Ens. 4 tomes en un vol. in-12, demi-rel. bas. 20 fr.

Le premier ouvrage serait en réalité, d'après Beuchot, de Sulpice de la Platière et de Capelle.

3675. **Marivaux.** Nouveau Théâtre italien. *Paris,* 1730-1732 ; 2 vol. in-12, front., mar. rouge, dos orné, fil., tr. dor. (*Courmont*) 35 fr.

Arlequin poli par l'amour. — La Surprise de l'amour. — Le Prince travesti. — La double Inconstance. — La Fausse suivante. — L'Isle des esclaves. — L'Héritier du village. — Le Jeu de l'amour et du hazard.

3676. **Mauvy** (Aug.). Nouvelle Grammaire des Grammaires, ou analyse raisonnée des meilleurs traités sur la langue française. Ouvrage classique, dans lequel a été substituée à toute discussion l'autorité de l'Académie française. Quatrième édition. *Bruxelles, s. d.;* in-8, cart., *non rogné.* 5 fr.

3677. **Mémoire** de l'élection de l'Empereur Charles VII, électeur de Bavière, en 1741, publié par Auguste Lepage. *Paris, Académie des Bibliophiles,* 1870 ; in-12, br. 6 fr.

Papier vergé.

3678. **Mémoires** des avantures singulières de la Cour de France. (Par la Comtesse d'Aulnoy). *La Haye, J. Alberts,* 1692 ; 3 parties en un vol. pet. in-12, veau fauve. 5 fr.

Le titre de la première partie est remonté.

3679. **Mémoires** sur la Vendée, comprenant les mémoires inédits d'un ancien administrateur militaire des armées républicaine, et ceux de Madame de Sapinaud. *Paris, Baudouin,* 1823 ; in-8, cart. 5 fr.

3680. **Menestrier** (Franç.). L'Art du Blason justifié, ou les preuves du véritable art du blason establies par diverses authoritez. *Lyon, Benoist Coral,* 1661 ; pet. in-12, cart. 5 fr.

Ouvrage rare orné de figures héraldiques gravées sur cuivre. — Raccommodage au titre.

3681. **Milizia.** De l'Art de voir dans les Beaux-Arts, traduit de l'italien de Milizia, par le général de Pommereul. *Paris, Bernard, an 6* (1798) ; in-8, veau marbré, dos orné, fil., tr. dor. (*Rel. anc.*). 4 fr.

3682. **Millac.** Histoire de France depuis les Gaulois jusqu'à nos jours. Illustrée par H. Harrisson. *Paris, Rousset,* 1843 ; in-16, br., couv. 4 fr.

Vignettes sur bois.

3683. **Milliet** (Paul). De l'origine du Théâtre à Paris. *Paris, libr. des Bibliophiles,* 1890 ; in-16, br. 3 fr.

Frontispice de *Félix Lucas.* Papier vergé.

3684. **Millin** (A.-L.). Elémens d'histoire naturelle. Troisième édition revue et corrigée. *Paris, Léger,* 1802 ; in-8, bas. 3 fr.

22 planches sur cuivre renfermant 600 figures environ.

3685. **Mirabeau.** Essai sur le despotisme. Seconde édition augmentée et corrigée. *Londres,* 1776 ; in-8, vélin. 4 fr.

3686. **Molière.** Dépit amoureux. Edition originale, réimpression textuelle par les soins de Louis Lacour. *Paris, libr. des Bibliophiles,* 1873 ; in-16, br. 10 fr.

Papier Whatman.

3687. **Molière.** L'Escole des Maris. Edition originale, réimpression par les soins de Louis Lacour. *Paris, libr. des bibliophiles,* 1873 ; in-16, br. 7 fr.

Papier Whatman.

3688. **Molière.** L'Estourdy. Édition originale, réimpression textuelle par les soins de Louis Lacour. *Paris, libr. des Bibliophiles,* 1871 ; in-16, br. 6 fr.

Papier Whatman.

3689. **Molière** et **Lully.** Le Mariage forcé, comédie-ballet en 3 actes ou le ballet du roi dansé par Louis XIV. Nouvelle édition publiée d'après le ms. de Philidor par Ludovic Celler. *Paris, Hachette,* 1867 ; pet. in-8, br. 4 fr.

Papier vélin. Musique des Entrées.

3690. **Molière.** Le Medecin malgré luy. Edition originale réimpression

**Et de Livres anciens et modernes**

textuelle par les soins de Louis Lacour. *Paris, libr. des Bibliophiles*, 1874 ; in-16, br.    8 fr.

PAPIER WHATMAN.

3691. **Molière**. Monsieur de Pourceaugnac. Edition originale, réimpression textuelle par les soins de Louis Lacour. *Paris, libr. des Bibliophiles*, 1876 ; in-16, br.   4 fr.

PAPIER VERGÉ.

3692. **Molière**. Poésies diverses attribuées à Molière ou pouvant lui être attribuées. Recueillies et publiées par P.-L. Jacob. *Paris, Alph. Lemerre*, 1869 ; in-12, br. 4 fr.

PAPIER VERGÉ.

3693. **Molière**. Sganarelle ou le cocu imaginaire. Edition originale, réimpression textuelle par les soins de Louis Lacour. *Paris, libr. des bibliophiles,* 1872 ; in-16, br. 6 fr.

PAPIER WHATMAN.

3694. **Molière**. Le Sicilien. Édition originale, réimpression textuelle par les soins de Louis Lacour. *Paris, libr. des bibliophiles*, 1875 ; in-16, br.     5 fr.

PAPIER WHATMAN.

3694<sup>bis</sup> Le même. *Paris*, 1875 ; in-16, br.     3 fr.

PAPIER VERGÉ.

3695. **Monselet** (Charles). Les Vignes du Seigneur. *Paris, Victor Lecou*, 1854 ; in-18, br., couv. 2 fr.

ÉDITION ORIGINALE. Impression en rouge.

3696. **Montesquieu**. Le Temple de Gnide. Nouvelle édition avec figures gravées par Le Mire. *A Paris, chez Le Mire*, 1772 ; gr. in-8, veau marbré, dos orné, fil., tr. dor. (*Rel. anc.*).     200 fr.

Un titre gravé, un frontispice renfermant le portrait en médaillon de Montesquieu et 9 belles figures d'*Eisen*, gravées par *Le Mire*.

3697. **Mort** (La) de Louis XVI, tragédie en trois actes (en vers). — Le Martyre de Marie-Antoinette d'Autriche, reine de France. *Paris, les marchands de nouveautés*, 1793 ; in-16, demi-rel. chagr. rouge. 5 fr.

Ces deux pièces sont attribuées à Et. Aignan et à Berthevin. — Taches.

3698. **Murr** (Christophe-Théophile de). Description du cabinet de Monsieur Paul de Praun à Nuremberg. *Nuremberg, J.-Th. Schneider*, 1797 ; in-8, basane.    10 fr.

Portrait et 6 planches gravés en taille-douce.

Catalogue d'une belle collection du XVI<sup>e</sup> siècle, de tableaux, de dessins, d'estampes, de pierres gravées, de médailles et de livres.

3699. **Musée**. Héro et Léandre, poëme de Musée. On y a joint la traduction de plusieurs Idylles de Théocrite par M. M*** C*** (Moutonet-Clairfons). *A Sestos et se trouve à Paris, chez le Boucher*, 1774 ; in-8, veau racine, dos orné, fil. (*Rel. anc.*).     20 fr.

Frontispice d'*Eisen* gravé par *Duclos*.

3700. **Naudé** (Gabriel). Le Marfore, avec notice par Charles Asselineau. *Paris*, 1868 ; pet. in-8, br.    5 fr.

PAPIER VERGÉ. — Tirage à 70 exemplaires.

3701. **Nieuhovius** (Johan.). Legatio batavica ad magnam Tartariæ Chamum Sungteium, modernum Sinæ imperatorem. Historiarum narratione, quæ legatis in provinciis Quantung, Kiangsi, Nanking, Xantung, Pekin, et aula imperatoria ab anno 1655 ad annum 1657 obligerunt. Latinitate donata per Georgium Hornium. *Amstelodami, apud J. Meursium,* 1668; pet. in-fol., veau.     30 fr.

Frontispice et nombreuses et belle planches gravés sur cuivre.

3702. **Noblesse**. Almanach de la Noblesse du royaume de France pour l'année 1848. *Paris, Aubert*, 1848 ; in-12, cart. toile, tr. dor. 7 fr.

3703. **Noblesse**. Annuaire de la Pairie et de la Noblesse de France et des maisons souveraines de l'Europe, publié sous la direction de M. Borel d'Hauterive. *Paris*, 1843-1885; 41 vol. in-12, demi-rel. veau fauve, tête dor., *non rognés* (*Petit-Simier*).     325 fr.

Planches d'armoiries gravées en taille-douce.

3704. **Noblesse**. Armorial général de Bretagne, relevé des diverses reformations de cette province depuis 1400 jusqu'à 1668, par Briant de Laubrière. *Paris, Dumoulin*, 1844 ; in-8, *broché*.     6 fr.

**Achat de Bibliothèques**

3705. **Noblesse**. Calendrier des princes et de la noblesse pour 1885 (-1886) (par Revérend). *Paris*, 1885-1886; 2 tomes en un vol. pet. in-8, cart., *non rogné*. 10 fr.

3706. **Noblesse**. Debrett's Peerage of the united kingdom of Great Britain and Ireland in two volumes. The sixteenth edition, considerably improved. *London, printed by G. Woodfall*, 1826; 2 vol. in-12, veau fauve, dent. 30 fr.

> Nombreuses armoiries gravées en taille-douce.

3707. **Noblesse**. Essais sur la Noblesse de France, contenans une dissertation sur son origine et abaissement, par feu le C. de Boullainvilliers. *Amsterdam*, 1732; pet. in-8, veau. 12 fr.

> On a ajouté les cartons des pp. 53, 67, 73, 181 et 203, qui renferment les suppressions faites dans la plupart des exemplaires.

3708. **Noblesse**. Etat présent de la Noblesse française, contenant : une étude sur la noblesse ; l'état des souverains d'Europe, des ambassadeurs, des ministres, sénateurs et députés français; le dictionnaire de la noblesse contemporaine avec les noms, qualités et domicile de plus de vingt mille nobles, et un grand nombre de notices généalogiques avec blason ; la liste générale des personnes qui, depuis 1803 jusqu'à ce jour, ont fait changer ou modifier leurs noms. *Paris, Bachelin-Deflorenne*, 1866 ; in-8, *br.* 8 fr.

3709. **Noblesse**. Etrennes à la Noblesse ou état actuel des familles nobles de France, pour l'année 1884 (par Revérend). *Paris, Richard*, 1884 ; pet. in-8, cart., *non rogné*. 6 fr.

> PAPIER VERGÉ.

3710. **Noblesse**. Revue nobiliaire, héraldique et biographique, par Bonneserre de Saint-Denis. *Paris, Dumoulin*, 1862-1867 ; 5 vol. in-8, demi-rel. dos et coins de chagr. noir. 40 fr.

3711. **Normandie**. Rôles normands et français et autres pièces tirées des archives de Londres par Bréquigny en 1764, 1765 et 1766. *S. l. n. d.*; in-4 à 2 col., br. 7 fr.

3712. **Opéras** (Recueil d'). *Suivant la copie imprimée à Paris (Amsterdam, Wolfgang)*, 1688-1690 ; 4 pièces en un vol. pet. in-12, mar. vert, dos orné, fil., tr. dor. (*Koehler*). 25 fr.

> Orphée, trag. en musique, 1690, front.— Le Palais de Flore, ballet (par Benserade), 1689, front. — Thetis et Pelée, trag. en musique, 1689, front. — Zéphire et Flore, opéra (par Michel du Boulay), 1688, front. Haut. 129 mm.

3713. **Palais** (Le) de Scaurus, ou description d'une maison romaine, fragment d'un voyage fait à Rome, vers la fin de la république, par Mérovic, prince des Suèves (composé par François Mazois, architecte). *Paris, impr. de Firmin-Didot*, 1822 ; in-4, demi-rel. chagr. 9 fr.

> Texte in-8 tiré in-4, orné de 12 planches en taille-douce.

3714. **Pamphlets** légitimistes et autres pièces relatives à la Révolution de 1830. En un vol. in-8, demi-rel. bas. verte. 15 fr.

> Le Pèlerinage d'Holy-Rood, ou le récit et le rève, par M. B. d. P. (Pourret des Gauds). *Paris*, 1832, portr. (Cet ouvrage a été poursuivi). — Lettre de S. A. R. Madame, duchesse de Berry, à Madame la Dauphine. — Tocqueville. Pétition aux deux Chambres, relative à Madame la duchesse de Berry, 1832. — Dix jours de 1830, souvenirs de la dernière révolution, par A. S. (Sala), 1831. — Discours du comte Portalis sur l'art. 23 de la charte, 1831. — Depasse. Le petit Exilé, 1832. — Desmarais. Juillet 1830 et juin 1832. *Paris*. 1832. — Bérard. Cancans, 8 fasc. — Louis-Philippe aux Tuileries, etc.

3715. **Paris**, ou le livre des cent-et-un. *Paris, Ladvocat*, 1831-1834 ; 14 tomes en 8 vol. in-8, demi-rel. veau. 30 fr.

> Ouvrage des plus intéressant pour l'histoire de Paris. On y trouve des articles par Sainte-Beuve, Alex. Dumas, Nodier, J. Janin, Sophie Gay, Marrast, etc., etc.
> Le 15ᵉ volume manque, la reliure n'est pas uniforme et 2 vol. sont mouillés.

3716. **Paris**, Versailles et les provinces au XVIIIᵉ siècle. Anecdotes sur la vie privée de plusieurs ministres, évêques, magistrats célèbres... et autres personnages connus sous les règnes de Louis XV et Louis XVI. Par un ancien officier aux gardes-françaises (le marquis J.-L.-M. Dugast de Bois

Saint-Just). *Paris, H. Nicolle et Le Normant*, 1809, 2 vol. in-8, veau, dos orné. 8 fr.

3717. **Parnasse** (Le) libertin, ou recueil de poésies libres. *Amsterdam, Cazals et Ferrand*, 1772; in-12, chagr. rouge, dos orné, fil., tr. dor. 15 fr.

On trouve dans cette édition « l'Occasion perdue et retrouvée », attribuée à Pierre Corneille.

Raccommodage au titre et au dernier feuillet. Légères mouillures.

3718. **Pas** (Le) des armes de Sandricourt, relation d'un tournoi donné en 1493 au château de ce nom, publié d'après un manuscrit et l'imprimé du temps par A. Vayssière. *Paris, L. Willem*, 1874; pet. in-8, br. 9 fr.

L'un des 20 exemplaires sur PAPIER DE CHINE.

3719. **Patte** (La) du chat, conte zinzimois (par J. Cazotte). *A Tilloobalaa (Paris)*, 1741; in-12, vélin. 4 fr.

3720. **Péréfixe** (Hardouin de). Histoire du roy Henry le Grand. *Amsterdam, Ant. Michiels*, 1661; in-12, mar. vert, fil., tr. dor. (*Rel. anc.*). 15 fr.

Édition imprimée par François Foppens de Bruxelles. Haut. 135 mm.

Cachet sur le titre. — Portraits en couleur de Henri IV et Sully ajoutés.

3721. **Perrault** (Charles). Contes des Fées. *Paris, Le Fuel, s. d.* (vers 1812); in-8, oblong, br. 10 fr.

Titre gravé et figures en taille-douce par *Séb. Leroy*.

3722. **Pétrone.** Traduction entière de Pétrone suivant le nouveau manuscrit trouvé à Bellegarde en 1688, avec des remarques (par François Nodot). *Cologne, Groth (Paris)*, 1693-1694; 2 tomes en un vol. in-12, veau. 25 fr.

Rare.

3723. **Physionomies parisiennes.** *Paris, Le Chevalier*, 1867-1868; 7 vol. in-16, fig., br., couv. 12 fr.

Restaurateurs et restaurés, par Chavette. — Le Journal et le Journaliste, par Ed. Texier. — Floueurs et floués par Adrien Paul. — Artistes et rapins, par Louis Leroy. — Le Bohême, par Gab. Guillemot. — Les Industriels du macadam par E. Frébault. — La Parisienne, par Paul Perret.

3724. **Pillet** (le général). L'Angleterre vue à Londres et dans ses provinces, pendant un séjour de dix années, dont six comme prisonnier de guerre. *Paris, Alexis Eymery*, 1815; demi-rel. veau. 4 fr.

3725. **Pirot** (Le P.). La Marquise de Brinvilliers. Récit de ses derniers moments (manuscrit du P. Pirot, son confesseur). Notes et documents sur sa vie et son procès par G. Roullier. *Paris, Alph. Lemerre*, 1883; 2 vol. in-12, br. 8 fr.

PAPIER VERGÉ.

3726. **Plée** (François). Herborisations artificielles aux Environs de Paris, ou recueil de toutes les plantes qui y croissent naturellement, dessinées et gravées d'après nature, de grandeur naturelle. *Paris, chez l'auteur*, 1811; in-8, demi-rel. veau. 25 fr.

190 planches gravées en taille-douce et finement coloriées.

3727. **Pogge.** Les Bains de Bade au XVe siècle. Scène de mœurs traduite en français pour la première fois par Antony Meray. *Paris, Acad. des Bibliophiles*, 1868; in-12, br. 3 fr.

PAPIER VERGÉ.

3728. **Pougens.** Jocko, précédé d'une notice par Anatole France. *Paris, Charavay*, 1881; in-16, br. 3 fr.

Frontispice à l'eau-forte. Tirage à 392 exemplaires.

3729. **Promenade** gastronomique dans Paris, représentant un tableau fidèle, anecdotique et comique des cuisiniers et cuisinières par un amateur (Thevenin). *Paris, Dondey-Dupré*, 1833; pet. in-12, broché, couv. 8 fr.

6 jolies figures en taille-douce. — Légères mouillures.

3730. **Protestantisme.** Recueil de 6 pièces en un vol. pet. in-8, vélin. 100 fr.

Th. de Bèze. L'Histoire de la vie et mort de feu M. Jean Calvin. *Genève, Fr. Perrin*, 1565. — Les dernières Heures de M. Drelincourt. *Charenton, Ant. Cellier*, 1670. — Les deux derniers sermons de M. Daillé prononcez à Charenton. *Charenton, Sam. Perier*, 1670. — Sermon de Jean Daillé sur les paroles de S. Pierre. *Charenton, Sam. Perier*, 1664. — Dubourdieu. Catechisme pour l'instruction de la jeunesse. *Lausanne, Dav. Gentil*, 1694.

**Achat de Bibliothèques**

— L'Ame affligée dans le silence ou sermon prononcé sur la mort de la reine d'Angleterre. *La Haye, Abr. Troyel*, 1695.

3731. **Puce** (La) de M^me Desroches. *Paris, D. Jouaust,* 1868 ; in-12, br.　5 fr.

Collection du Cabinet du Bibliophile. PAPIER VERGÉ.

3732. **Rabelais**. La Chronique de Gargantua, premier texte du roman de Rabelais, précédé d'une notice par M. Paul Lacroix. *Paris, D. Jouaust,* 1868 ; in-12, br.　4 fr.

Collection du Cabinet du Bibliophile. PAPIER VERGÉ.

3733. **Rabelais**. Les Œuvres, augmentées de la vie de l'auteur et de quelques remarques sur sa vie et sur l'histoire, avec la clef et l'explication de tous les mots difficiles. *S. l.,* 1659 (*sic* pour 1669) ; 2 vol. pet. in-12, chagr. bleu, fil. à froid, tr. dor. (*Vve Niedrée*).　50 fr.

Jolie édition, contrefaçon de l'édition elzévirienne de 1663, dont elle reproduit le texte page pour page et presque ligne pour ligne. — Raccommodage au titre du tome II.

3734. **Racine** (Louis). Œuvres. *Paris, Le Normant,* 1808 ; 6 vol. in-8, portr., veau, dos orné, dent., tr. marbr.　20 fr.

Bel exemplaire.

3735. **Raepsaet** (J.-J). Les Droits du Seigneur. Recherches sur l'origine et la nature des droits connus anciennement sous les noms de droits des premières nuits, de markette, d'afforage, marcheta, maritagium et bumede. *Rouen, Lemonnier,* 1877 ; in-16, br.　2 fr.

3736. **Richepin** (Jean). Les Blasphèmes. *Paris, Maurice Dreyfous,* 1885 ; in-12, br., couv.　4 fr.

3737. **Richepin** (Jean). Le Pavé. *Paris, Maurice Dreyfous,* 1883 ; in-12, br., couv.　6 fr.

ÉDITION ORIGINALE. Envoi d'auteur.

3738. **Rigaud** (David). Autres Œuvres poétiques du sieur David Rigaud, accompagnées d'une notice et de notes par M. J. Brun-Durand. *Paris, Aug. Aubry,* 1870 ; pet. in-8, br.　3 fr.

PAPIER VERGÉ.

3739. **Ris-Paquot**. L'Art de Restaurer les tableaux anciens et modernes, ainsi que les gravures, contenant la manière de les entretenir en parfait état de conservation. *Amiens, et Paris, Delaroque,* s. d. ; in-12, br.　7 fr.

12 planches : signatures et monogrammes d'artistes. Rare.

3740. **Rivière-Dufresny**. Entretiens ou amusements sérieux et comiques, publiés par D. Jouaust. *Paris, Jouaust,* 1869 ; in-12, br. 5 fr.

PAPIER VERGÉ. Collection du Cabinet du Bibliophile.

3741. **Rodocanachi** (E.). Courtisanes et bouffons. Etude de mœurs romaines au XVI^e siècle. *Paris, Flammarion,* 1894 ; in-12, br. 2 fr.

3742. **Ronsard**. Œuvres inédites de P. de Ronsard, gentil-homme Vandomois, recueillies et publiées par Prosper Blanchemain. *Paris, Aubry,* 1855 ; in-18, br.　10 fr.

Un des 10 exemplaires sur PAPIER VERT.

3743. **Sablé** (M^me de). Maximes de Sablé (1678) publiées par D. Jouaust. *Paris, libr. des Bibliophiles,* 1870 ; in-12, br.　4 fr.

PAPIER VERGÉ. Collection du Cabinet du Bibliophile.

3744. **Saint-Cyr**. Histoire de la maison royale de Saint-Louis établie à Saint-Cyr pour l'éducation des demoiselles nobles du royaume (par le duc de Noailles). *Paris, Lacrampe,* 1843 ; in-8, pl., demi-rel. dos et coins de mar. brun, dos orné, tête dor., *non rogné* (*Amand*).　15 fr.

Bel exemplaire. Cet ouvrage n'a pas été mis dans le commerce, ayant été destiné aux survivantes de Saint-Cyr.

3745. **Saint-Foix**. Lettres turques, publiées par D. Jouaust. *Paris, Jouaust,* 1869 ; in-12, br.　5 fr.

PAPIER VERGÉ. Collection du Cabinet du Bibliophile.

3746. **Saint-Jean** (Comte de). Les Femmes poètes bretonnes, avec préfaces et notices par le comte de Saint-Jean (M^me Eugène Riom). *Nantes, Société des Bibliophiles bretons,* 1892 ; in-12, br.　8 fr.

PAPIER VERGÉ.

3747. **Saintine**. Histoire des guerres d'Italie (pendant la Révolution). *Paris, Dupont,* 1826-1828 ; 2 vol. in-12, demi-rel. veau.　8 fr.

Portraits et cartes en taille-douce.

**Et de Livres anciens et modernes**

3748. **Schmidt** (Adolphe). Paris pendant la Révolution d'après les rapports de la police secrète. 1789-1800. *Paris, Champion*, 1800-1890 ; 3 vol. in-8, br.          10 fr.

3749. **Schoonenbeek** (Adrien). Courte description des Ordres des femmes et filles religieuses, contenant une petite relation de leur origine, de leur progrès et de leur confirmation. Avec les figures de leurs habits. *Amsterdam, Desbordes*, 1700 ; in-12, vélin à recouvrements.          50 fr.

> Titre et 90 figures gravées sur cuivre. Très rare.

3750. **Sélam** (Le), morceaux choisis inédits de littérature contemporaine. *Paris, Astoin et Levasseur*, 1834 ; in-12, veau bleu, fers à froid, tr. dor.          12 fr.

> Recueil de nouvelles et de poésies par A. Dumas, Barthélemy, Méry, Gozlan, Th. Gautier, Nodier, P. de Musset, J. Janin, Elisa Mercœur, etc.
> 10 jolies vignettes gravées sur acier.

3751. **Semet** et **Barrois**. Poésies. *Lille, Emile Durieux*, 1845 ; in-16 de 72 pp., br., couv.          4 fr.

> Poésies en l'honneur de Napoléon Ier imprimées sur PAPIER VIOLET. Rare.

3752. **Semonce** (La) faicte à Paris des Coquus en may 1535. Publiée pour la première fois (par Anatole de Montaiglon). *Paris, Acad. des Bibliophiles*, 1866 ; in-18, br. 2 fr.

> Un des 200 exemplaires sur PAPIER VERGÉ.

3753. **Simon** (Jules). Souvenirs du 4 septembre. Origine et chute du second Empire. Le gouvernement de la Défense nationale. *Paris, libr. illustrée* (1875) ; gr. in-8, br. couv.          3 fr.

> Édition illustrée par Vierge, A. Marie, Gilbert, Bichard, etc.

3754. **Staël** (Mme de). De l'Allemagne. *Paris, Nicolle*, 1810 ; 3 vol. in-8, demi-rel. bas.          10 fr.

> Épreuves, sans titres, avec toutes les corrections de l'auteur certifiées conformes par l'éditeur.

3755. **Tableau** de la guerre de la pragmatique-sanction en Allemagne et en Italie, avec une relation originale de l'expédition du prince Charles-Edouard en Ecosse et en Angleterre. Par un aide-de-camp général dans l'armée d'Espagne (le général Powerer). *Berne, Société typographique*, 1784 ; 2 tomes en un vol. in-8, bas.          5 fr.

3756. **Tableaux** où sont représentés la Passion de N. Seigneur Jésus-Christ et les Actions du prêtre à la Sainte-Messe, avec des prières correspondantes aux tableaux. *Metz, J.-F. Bouchard*, 1680 ; in-12, bas. 60 fr.

> Ce volume est orné de 35 figures gravées par *Séb. Le Clerc*, représentant les différentes phases de la messe.
> Belles épreuves de PREMIER TIRAGE. Très rare.
> On a relié avec cet ouvrage : *Traicté de la Providence sur le miracle des sept pains*, par *Le Tourneux*, Paris, 1701.

3757. **Tahureau** (Jacques). Les Dialogues, avec notice et index par F. Conscience, *Paris, Alph. Lemerre*, 1871 ; in-12, br.          5 fr.

> PAPIER VERGÉ.

3758. **Testament** (Le Nouveau), avec les Actes des apôtres ; traduits en français par Sacy. Ornés de 112 planches gravées sur les dessins de Moreau jeune. *Paris, impr. de Prudhomme fils*, 1808 ; 2 vol. in-8, veau racine, dos orné, dent. (*Rel. anc.*).          25 fr.

> Très belles figures de *Moreau*, gravées par *Dambrun, Delignon, Halbou, Baquoy, Giraud, Trière*, etc.

3759. **Testament** politique du duc Charles de Lorraine (attribué à Chevremont). Edition nouvelle précédée d'une notice bibliographique (par Anatole de Montaiglon). *Paris, Académie des Bibliophiles*, 1866 ; pet. in-8, br.          3 fr. 50

> PAPIER VERGÉ, tiré à 200 exemplaires.

3760. **Théo-Chritt** (Théodore Cahu). Journal d'un officier malgré lui. *Paris, Georges Hurtrel*, 1887 ; in-16 carré, br.          5 fr.

> Vignettes dans le texte.

3761. **Theuriet** (André). Amour d'Automne. *Paris, Alph. Lemerre*, 1888 ; in-12, br.          4 fr.

> ÉDITION ORIGINALE.

3762. **Tiercelin** (Louis). Le Livre blanc. *Paris, Alph. Lemerre, s. d.* ; pet. in-12, br.          2 fr. 50

---

*Le Propriétaire-Gérant :* THÉOPHILE BELIN.

CHATEAUDUN. — Imprimerie de la Société Typographique (*Téléphone*).